40세의 벽

「40歳の壁」をスルッと越える人生戦略
40-SAI NO KABE WO SURUTTO KOERU JINSEI SENRYAKU

Copyright © 2022 by Oishi Haru
Original Japanese edition published by Discover 21, Inc., Tokyo, Japan
Korean Translation Copyright © 2023 by FROMBOOKS

돈, 인간관계, 건강, 나답게 살기 위한 인생 후반 전략

40세의 벽

오이시 하루 지음
정지영 옮김

남은 인생,
지금처럼 살아도 괜찮을까?

당신은 마흔이라고 하면 어떤 이미지가 떠오르는가? 어렸을 때는 '어른'이라고 느껴졌던 나이인데도 막상 그 나이가 가까워지거나 실제로 그 나이가 되면 '아직 어른은 아닌 것 같아'라고 느끼는 사람이 많을 것이다.

마흔 살이 되고, 나는 문득 이런 광경이 떠올랐다. 거실 소파에서 선잠을 자던 어머니의 모습이다. 당시 어머니의 나이가 마흔이었다. 어머니는 요즘 말하는 워킹맘처럼 아이를 키우면서 일도 했는데, 아버지의 회사에서 사무직원을 하셨다. 우리 가족은 부모님, 나(10세, 초4)와 남동생(9세, 초3), 이렇게 네 명이었다.

내 기억에 그 시절 어머니는 이런 모습이었다.

· 밤에 동생과 내가 잠이 들면 소파에서 텔레비전을 보시다가 잠에 드셨다(밤중에 문득 잠에서 깨어 거실에 나가보면 텔레비전이 켜져 있었다. 옆 탁자에는 커피가 든 머그잔과 슈퍼에서 파는 롤케이크가 놓여 있었다).

· 뭔가 자격증을 따고 싶다고 하시더니 케어 매니저 자격증을 취득했다.

· 시험을 봐야 진학할 수 있는 중학교에 들어가고 싶다고 했지만, 소극적인 반응을 보였다(동생이 축구를 하고 있어서 픽업할 일이 많아지고, 공부 관리 등 부담이 늘어난다는 이유로 주저하셨다).

· 신축 아파트로 이사하면서 젊었을 때부터 모은 대량의 음반과 옷을 정리했다(지금도 당시를 회상하며 미련을 보이신다).

· 사무직원 세 명, 아버지, 영업사원이라는 좁은 세상이 싫은지 자주 푸념했다.

어머니는 20대 후반에 결혼과 동시에 그때까지 쌓은 경력을 잃었다(당시 여성은 결혼=퇴직). 아이가 유치원에 들어갔을 때 재취업을 했지만, 아버지의 회사에 다녔기 때문에 인간관계가 좁았다. 아버지는 몹시 바빠서 육아도 집안일도 어머니에게 전부 떠넘겼다. 어머니에게 동생과 나는 귀여운 자식이었지만, 마흔 전후가 되니 체력이 떨어져서 우리를 데리고 다니기가 힘들었다. 신문도 읽고 싶고, 자격증을 살려 이직을 위한 정보도 모으고 싶지만, 하루가 끝나면 그럴 기운도 체력도 남아 있지 않아서 자기 전에 텔레비전을 보는 것이 어머니의 유일한 낙이었다.

나는 가끔 거실문에서 새어 나오는 빛을 느끼고 잠든 어머니를 깨우러 갔다. 그러면 "너희가 자면 하려고 했던 일이 있는데, 왠지 의욕이 나지 않아. 엄마가 너무 피곤해서 그래"라고 말씀하신 것이 기억난다.

40대가 되고 가족도 있다 보면 이제 와서 큰 변화를 일으킬 수 없다. 직장을 다니고, 집안일과 육아를 하다 보면 하루가 훌쩍 지나간다. 하지만 어쩐지 불안해져서 자기 삶의 의미를 재차 묻게 된다. "일단 뭐라도 해야 해"라며 사용할 예정도 없는 자격증을 따는 데에 공을 들였던 어머니의 마음이 이해가 간다.

이쯤에서 나의 소개를 해보겠다. 나는 오이시 하루라고 한다. 온라인상에서 목소리를 전달하고, 글을 쓰는 일을 하고 있다. 요가 스튜디오를 경영하고 있기도 하다. 2022년부터는 대학원에도 다니고 있다.

나는 작년에 마흔 살이 되어 그 무렵 어머니와 같은 나이가 되었다. 그리고 현재는 초등학교 4학년인 아들과 어린이집에 다니는 다섯 살 아이를 키우면서 일도 하고, 하루하루를 숨 가쁘게 달려 나가고 있다.

다행히 어머니 세대보다는 여성이 일하기 더 쉬워졌고, 남성도 가사와 육아에 참여하는 세상이 되었다. 하지만 대학을 졸업하자마자 외국계 기업에 입사한 뒤 16년을 근무하면서 출산, 육아, 집안일을 필사적으로 소화해낸 내가 어머니와 같은 마흔 전후가 되어 실감한 것은 마흔 살의 어머니가 느꼈을 '이루 말할 수 없는 답답한 기분'이 내 안에도 있다는 사실이었다.

직장에서는 중견의 위치가 되었고, 가족도 둔 데다 앞으로 방향성도 보였다. 젊은 시절보다 장래에 대한 불안도 훨씬 줄었고, 생활도 순조로웠다. 그런데 문득 세면대에서 거울을 보면 그곳에는 자신에게 물음을 던지는 또 다른 내가 있었다.

"남은 인생을 지금처럼 살아도 괜찮아? 만족해?"

나만이 아니라 같은 세대의 상당수가 이 답답한 기분을 느낄 것이다. 100세 시대로 접어들면서 직업 인생의 연장선에 있는 것들이 시야에 들어오기 때문일 것이다. 남녀를 불문하고 직업 인생의 후반전에 접어드는 마흔 전후에는 '이대로 괜찮을까?' 하며 방황하는 사람이 많다.

이 책에는 마흔 전후로 많은 사람이 느끼는 이 답답한 느낌, 즉 '40세의 벽'의 정체를 분석해보면서 나답게 살기 위해 인생 후반전을 어떻게 디자인해나갈지 생각하기 위한 내용을 담았다. 모든 마흔 살에게 40세의 벽은 인생의 중요한 터닝 포인트다. 그렇기에 남녀 상관없이 자신의 이야기처럼 생각할 수 있도록 신경을 써서 글을 썼다.

나 역시 40세의 벽에 부딪혀 시행착오를 겪은 결과, 회사를 관두고 하고 싶은 일(=자기 업)을 하며 살아가기로 했는데, 그 경험을 통해 전달할 수 있는 구체적인 방법도 최대한 담았다.

그렇다고 이 책이 "회사를 관두고 자신의 인생을 살아라!"를 말하는 내용은 아니다. 나는 우연히 경력을 바꾸는 선택을 했지만, 중요한 것은 어떻게 주체적으로 인생의 후반전을 살아갈 것인지 생각하는 일이다. 일하는 방법은 어디까지나 요소 중 하나일 뿐이다.

이 책을 읽고 40세의 벽에 부딪혀 느끼는 답답한 느낌을 부정적인 것이 아니라 긍정적인 변화의 신호로 받아들여 새로운 행동을 하나라도 해준다면 저자로서 더할 나위 없이 기쁠 것이다.

서른 살이 넘으면 모두 동창이라고 했다. 서로 좋은 마음으로 벽을 넘어가자.

4장 40세의 벽을 뛰어넘는 자기 업 키우기_실천

5장　40세의 벽을 뛰어넘기 위한 시행착오와 그 후의 변화

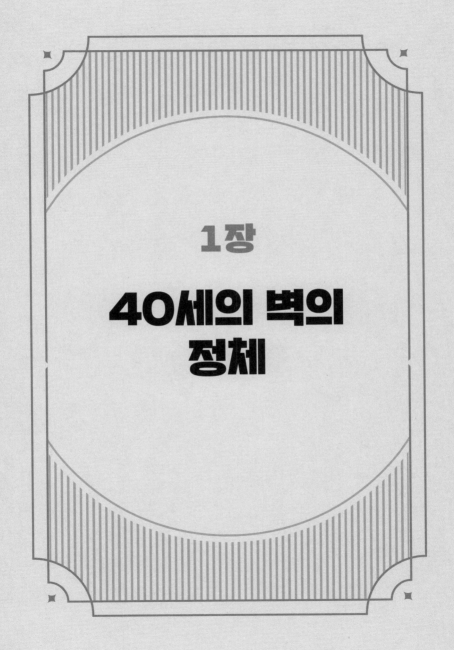

1장

40세의 벽의 정체

모두 마흔이 되어
세상일에 미혹되다

　나는 작년에 마흔이 되었다. 공자는 마흔이 되면 세상일에 미혹되지 않는다고 하여 마흔을 '불혹不惑'이라 했는데, 당신은 어떤가? "오히려 마흔이 되니까 심하게 흔들려요!"라고 하는 사람이 많지 않을까?

　마흔 전후가 되면 일하기 시작한 지 20년 남짓이 된다. 시대는 빠르게 변하고, 지금까지 고수한 자신의 생활방식이나 가치관에 금이 가기 시작한다. 경력뿐 아니라 라이프 플랜Life Plan(결혼을 하느냐 마느냐, 자녀를 낳느냐 마느냐)의 방향성도 정해져서 새로운 선택지가 없어지는 연령대다.

　내 주변에도 마흔이 넘어 인생의 중간지점에 접어든 친구나 동료들이 많아졌다. 그들이 "좋아! 인생의 반환점이구나!"라며 가야 할 길을 착실하게 나아가고자 어른스럽게 결의를 다지고 있을까? 오히려 "이대로 괜찮을까? 정체 모를 불안이 느껴져서 갈피를 못 잡겠어"라며 당황하는 사람이 많은 듯하다.

30대 후반부터 40대까지는 직업의 반환점이기도 하다. 지금까지 쌓은 것으로 남은 20년을 갈 수 있을까? 불안한 마음에 생활방식이나 일하는 방식을 재검토하거나 이직을 하기도 한다. 혹은 최근 유행하는 'FIRE'(경제적으로 자립해 이른 시기에 은퇴하는 일)를 생각하는 사람도 있다.

중년기의 위기 미드라이프 크라이시스

미드라이프 크라이시스Midlife Crisis라는 말을 들어봤는가? 중년기 특유의 심리적 위기, 중장년이 빠지는 우울증이나 불안장애를 말하며, 30대 후반~50대에 사이에 찾아온다고 알려져 있다.

인생의 중반까지 오면 주변의 평가나 사회적 기준을 통해 자신이 어느 정도의 수준인지 어렴풋이 보인다. 이때가 '내 인생은 이대로 괜찮은 건가?'라고 방황하기 시작하는 시기다.

· 이대로 정년까지 계속 일할 수 있을지 불안해진다(고용 불안).

· 제대로 된 경험, 자격증, 경력이 없는 것 같다(기술 부족 불안).

· 요즘 들어 근력과 체력의 저하를 느낀다(건강 불안).

· 아이가 초등학생이 되자 앞으로 함께 지낼 날이 10년 정도 남았다는 생각에 쓸쓸하다(자녀 이탈 불안).

· 흰머리가 눈에 띄게 많아지고, 외모가 시들어가니 기운이 빠진다(노화 불안).

「시작하며」에서 언급한 내 어머니의 모습에서 짚이는 부분이 있지 않은가? 경력의 방향성을 잃고, 갑자기 자격증을 따거나 뭔가 바꾸고 싶어서 과감하게 물건을 정리해보기도 한다. 체력 저하로 매일 아이의 숙제 채점, 준비물 챙기기, 학교와 학원 픽업이 힘들어진다. 빈둥거리며 스마트폰을 보는 것으로 피로를 푼다.

여성의 경우 일, 가정, 자녀의 나이와 인원수, 외모 변화, 노후 걱정 등 신경 쓰이는 요소가 복잡하게 얽혀 있다. 각각 대응하려고 하면 할 일이 지나치게 많아서 발버둥쳐야 한다.

남성은 일에서 자신의 한계가 보이기 시작하면서 막다른 골목을 만난 기분이 된다. 체력이 떨어지면서 남성성을 잃은 듯해 불안을 느끼기도 한다. 그러면 갑자기 이직이나 창업을 하는 사람도 있다. 혹은 아웃도어에 눈을 떠서 캠핑용품을 한꺼번에 사들이거나 근력 운동에 매달리기도 한다.

이 중년의 위기를 심리학자 에릭 에릭슨Erick Erickson의 '심리사회적 발달이론'으로 설명할 수 있다. "인생에는 여러 번 벽이 출현한다. 그것을 넘어 심리적으로 성장해간다"라는 개념이다.

▼ 인간의 심리적 성장의 흐름은 40세에 바뀐다!

발달 단계	연령	심리·사회적 위기	이끄는 요소
유아기	0세~1세 반	기본 신뢰 vs 불신	희망
유아기 전기	1세 반~3세	자율성 vs 수치·의심	의지
유아기 후기	3세~6세	자발성 vs 죄책감	목적
초등학교	6세~13세	근면성 vs 열등감	유능감
청년기	13세~22세	자아 정체성 확립 vs 역할 혼란	충성
성인기	22세~40세	친밀감 vs 고독	사랑
중년기	40세~65세	생산 vs 침체	배려
노년기	65세~	자아 통합 vs 절망	지혜

(에릭슨의 심리사회적 발달이론에서)

사람은 40세 정도까지는 새로운 감각이나 지식을 얻는 것을 중심으로 발전한다. 세상에 태어나 몸과 정신이 성장하고, 사회에 나가 삶의 방식을 선택해 자신의 가족을 만들어 사랑받으며 성장해간다. 그리고 대개 40세에 성장의 정점을 맞는다.

그 이후에는 발전의 흐름이 바뀐다. 인생의 종착점을 향하는 발전으로 변화하고, 다음 세대를 짊어질 사람들에게 가진 것을 건네기 시작한다.

얻기에서 줄이기로 바뀌는 시기, 지금까지와는 발전의 흐름이 바뀌는 시기다. 에릭슨은 그렇게까지 언급하지 않았지만, 나는 이 흐름이 바뀌면서 지금까지와는 다른 느낌 때문에 당황하는 '미드라이프 크라이시스'야말로 40세 벽의 정체라고 생각한다.

100세 시대
누구나 벽에 부딪힌다

최근 여기저기에서 '이제는 100세 시대'라는 말을 자주 접한다. 예전에는 '학업→일→노후→수명'이라는 라이프 모델이 일반적이었다. 현재의 고령자(내 부모 세대)는 해고 위험이 없는 종신고용 시대의 사람이기 때문에 솔직히 말해 마흔 살이어도 남은 20년을 어떻게든 극복하면 퇴직금을 받고 우아한 노후를 보낼 수 있었다. 40세의 벽을 느끼고 답답한 느낌을 받았다고 해도 현 상태를 유지하면 불이익을 당할 일도 별로 없었다. 일단 "이대로도 괜찮아"라며 지나간 사람도 많을 것이다.

그런데 우리는 100세 시대에 살고 있다. 65세에 정년퇴임을 해도 앞으로 35년이나 더 살 가능성이 있고, 사회도 가능한 한 오래 일하자는 분위기로 바뀌고 있다.

100세 시대는 인생이 긴 만큼 많은 사람이 다양한 벽에 부딪힌다.

특히 중견이라고 하는 마흔 전후 세대는 아직 방향을 전환할 수 있는 나이이다. 50세라면 '정년까지 10년 남았어. 그렇다면 어떻게든 이 자리에서 노력할 방법을 생각하자'라고 생각하겠지만, 40세는 '앞으로 20여 년...... 일이나 사는 곳을 바꿀 수도 있어. 어떡해야 하지?'라고 방황할 수도 있다. 그래서 '벽'을 못 본 척하지 못하고 받아들이고 방황하는 사람들이 많은 것이 아닐까?

아직 나아갈 길을 선택할 기회가 있다는 기대감과 선택해서 실패하면 쌓아온 것들이 사라질 수도 있다는 불안감이 뒤섞이는 분기점. 그곳에 가로놓인 것이 '40세의 벽'이다. 많은 사람이 그 벽 앞에서 우왕좌왕하고 있지만, 롤모델이 없는 미지의 세계이기 때문에 더듬거리며 나아갈 수밖에 없다.

40세의 벽은 빨리 부딪혀야 이긴다

100세 시대가 되면 40세라도 앞으로 60년 정도 더 살아야 한다. 따라서 누구나 어느 시점에서 경력의 전환점을 맞이하기 마련이다.

나는 출산을 하면서 이 전환점이 다가오는 소리를 30대부터 조금씩 들었다. 그때는 자신을 회사에 맞춰가면서 극복했지만, 아이가 둘이 되고, 나도 조금씩 나이를 먹으면서 본격적인 전환점이 40세 직전에 왔다고 느꼈다.

사람에 따라서는 30대에 빠른 전환점을 선택하는 사람도 있고, 40대 후반에 전환점을 맞는 사람도 있다. 다만 공통적으로 말할 수 있는 것은 경력을 전환하는 타이밍이 65세(정년)에 오는 것보다 마흔 전후(40세의 벽에 부딪히는 시기)로 오는 편이 훨씬 낫다는 점이다. 체력도 지적 능력도 있는 마흔 살에 깨달은 사람은 오히려 운이 좋다고 할 수 있다.

40세의 벽은 진심으로 자신의 인생을 다시 생각하게 해준다. 벽을 느끼면서도 그냥 지나쳤을지도 모를 50대는 조금 늦고, 사회적인 지식이 아직 부족하거니와 삶의 이벤트가 이제 시작되는 20대는 아직 이르다. 체력과 지적 능력을 갖추었고, 잘 안되어도 다시할 수 있다는 삼박자가 갖추어진 시기는 40세±5세가 아닐까?

자신의 불안과 불만이나 부족한 점을 보지 않고 지나치려고 하면 이런저런 변명이 나온다.

"하루하루 살기 바빠서."

"일단 생활은 하고 있으니까."

"다들 안 하니까."

그러나 40세의 벽의 존재를 깨닫고 멈춰 서거나 벽을 넘어가려고 자신의 가치관과 대치하는 사람은 강인하다.

벽과 진지하게 마주한 경험이나 고민했던 과거는 반드시 자신에게 도움이 된다. 그 후에 자신의 인생을 어떻게 하고 싶은지, 직업 인생을 어떻게 하고 싶은지 자문자답하고 정보를 포착하면 주체적으로 삶을 살 수 있을 것이다.

주위를 둘러보면 60대, 70대에 의미 있는 삶을 살고 있는 존경스러운 선배들은 모두 경력의 전환점에서 도망치지 않은 사람들이다(40대에 퇴직하고 이주한 선배, 60대에도 일하는 어머니, 70대에 요가를 즐기는 수강생들).

40세의 벽을 100세 시대를 사는 우리가 인생을 바꾸는(삶의 방향이나 위치를 바꿔가는) 최선의 타이밍이라고 생각하면 조금 용기가 나지 않는가? 빨리 알아차려서 다행이다.

제2의 직업 인생을
어떻게 걸어갈 것인가

미국의 44세부터 70세 사이 3,100만 명 이상의 사람이 개인적인 보람, 지속적인 수입, 사회적인 영향력을 겸비한 제2의 경력을 쌓고 싶어 한다고 한다(『디자인 유어 라이프Designing Your Life』, 빌 버넷/데이브 에번스).

100세 시대인 지금은 누구나 반드시 40세의 벽에 부딪힐 수밖에 없다. 그리고 그 40세의 벽과 마주할 때 제2의 직업을 생각하는 과제도 함께 따라온다. 남은 인생을 생각했을 때 24시간에서 수면과 식사 등의 생활시간을 제외하면 일하는 시간이 가장 길기 때문이다. 40세 이후의 자기 모습을 생각했을 때 직업의 영향은 매우 크다. 또한 직업의 자립은 경제적 자립으로 이어지므로 중요한 요인이기도 하다.

정년까지 이 일로 먹고살 수 있을까? 정년을 맞이한 후에는 어떻게 해야 할까? 같은 직종, 능력만으로는 한계가 있고, 싫증도 날 것이다. 정년 후를 위해 부지런히 저축하거나 보험에 들은 뒤에 이를 계속 쓰면서 말년을 살아가는 것도 불안하다.

앞으로 다가올 노화, 쇠약해져가는 체력 및 기력과 타협하지 않으면 지속할 수 없고, 계속 보람을 느낄 수 있을지, 계속 일하고 싶을지, 불안은 끝이 없다. 그런 일이 지금 하는 일의 연장선에 있다고는 도저히 생각할 수 없다.

마흔 전후가 되면서 나도 40세의 벽을 의식하게 되었고, 제2의 직업을 염두에 두고 내 인생의 이상적인 모습을 자주 생각하게 되었다.

40세의 벽에 부딪히는 또 다른 이유

존 메이너드 케인스John Maynard Keynes라는 유명한 경제학자가 있다. 그는 논문에 이런 글을 썼다.

> 미래에는 기술 발전으로 사람이 원하는 것을 모두 만들 수 있어서 사람의 할일이 없어지는 시대가 온다. 그러나 사회 시스템에 의해 인간은 오랜 세월 일하도록 길들어왔다. 그래서 평범한 사람일수록 한가한 시간을 어떻게 써야 할지 몰라 곤혹스러워한다.

이 글은 무려 1930년에 쓰였다. 마치 현대에 쓴 것 같지 않은가? 케인스가 말했던 '사람의 할 일이 없어지는 시대'는 이미 도래한 듯하다. 심지어 케인스는 사람의 할 일이 없어지는 시대를 2030년이라고 했다. 당신은 어떻게 생각하는가? 2030년까지 기다리지 않아도 벌써 그 전조가 느껴지지 않는가?

스마트폰의 대명사 아이폰이 출시되었을 때 전 세계가 술렁거렸다. 이전까지의 휴대전화와 전혀 다른 대혁명이었기 때문이다. 이후로 많은 제조회사가 스마트폰 시장에 뛰어들어 매년 새로운 기종의 다양한 스마트폰을 발표하고 있다. 이제 신제품이 나와도 어느 부분이 개량되었는지 모르는 사람도 적지 않을 것이다.

백색가전도 마찬가지다. 많은 부분에서 0을 1로 하는 시대는 거의 끝나가고, 조금씩 손을 봐서 100을 101로 만드는 데에 노력을 기울이고 있다.

이런 현상을 볼 때마다 케인스 선생(경의를 표하며)이 이렇게 질문하는 기분이 든다.

· 당신은 그 일에 보람을 느끼는가(입사 당시에는 보람 있는 일이었다고 해도 지금은 타성에 젖어서 하고 있지 않은가)?

· 그 일은 가치를 창출하는가(사회적으로 의의가 있는 일인가, 자신의 회사 제품으로 세상이 좋아지는가, 아이에게 자긍심을 가지고 설명할 수 있는 일인가)?

· 미래의 자신을 위하는 일인가(회사 내의 인맥은 잘 만들어두었지만, 전문적인 기술이 필요한 직책은 아니다. 회사에 있을 동안에는 문제없지만……)?

참고로 케인스 선생은 "사람은 최종적으로 주 15시간 노동하게 된다", "하나의 일을 다 같이 나눠서 하는 시대가 온다"라고도 했다.

오늘날 많은 사람이 40세의 벽을 느끼는 이유는 100세 시대이기 때문만은 아니다. 또 하나의 이유는 우리가 일하는 방식에 한계가 있기 때문이라고도 할 수 있다.

당신은 매일 시간을 소비하는 일에서 보람이나 사회적 의의를 느끼는가? 코로나 시대에 재택근무를 하는 동안 '회사에 가지 않아도 되네', '의외로 할 일이 별로 없네'라고 깨달은 사람은 없을까? 분명히 있을 것이다. 아무 생각 없이 해왔지만, 사실 보람이 없다는 것을 어렴풋이 깨닫기 시작한 사람이 분명 있을 것이다.

케인스 선생이 되었다고 하고, 자신에게 물어보자.

· 만약 일주일에 15시간만 일한다면, 지금 하는 일에서 무엇을 남기고 싶은가?
· 불필요하다고 생각하는 것, 줄이고 싶은 것은 무엇인가?
· 자신의 경력으로 이어지는 일이 있는가?
· 앞으로 또 다른 일을 하면서 살아갈 것인가?

· 어떤 삶을 살고 싶은가?

여기서 멈춰 선 것만으로도 이미 당신의 변화는 시작되었다. 인생의 후반전을 어떻게 보낼 것인가? 어느 정도의 업무 기술이나 무기를 손에 넣은 마흔 전후이기 때문에 좋은 변화로 연결하고 싶을 것이다.

개인적으로 인생의 후반전이야말로 보람 있는 일을 선택해서 주체적으로 행복을 느껴야 한다고 생각한다. 그러면 케인스 선생이 말하는 평범한 사람이 아니라 충실한 제2의 직업 인생을 살 수 있을지도 모른다.

40세의 벽에 숨겨진
육아의 벽과 부부관계의 벽

이제부터는 다른 관점에서 40세의 벽을 분석해보자. 사람에 따라서는 40세의 벽 속에 육아의 벽과 부부관계의 벽도 숨겨져 있어서 문제가 복잡해지는 경우가 많다.

· 육아의 벽 – 아이의 성장 시기에 맞춰서 출현하는 벽. 부모의 경력과 어떻게 타협하는지가 문제다. 아이의 성격 등 개인차가 있어 사람에 따라 고민의 종류와 정도가 다르다.

· 부부관계의 벽 – 이 벽을 대하는 방식에 실패하면 부부 모두 40세의 벽이 높아져 그 상태가 오래 지속된다. 육아의 벽과 어떻게 연대해서 처리할 것인지가 문제가 되기도 한다.

이제 각각의 벽의 정체와 상호작용에 대해 설명하겠다.

육아의 벽 - 어린이집과 초등학교 1학년의 차이

평균 초혼 연령, 출산 연령이 전부 30세가 넘는 현대에는 마흔 전후에 두 가지 육아의 벽에 직면한다.

· 초등 1학년의 벽 - 보육에서 학업으로 바뀌는 시기. 아이가 등하교를 스스로 하게 된다. 여름방학 등의 장기방학도 있어서 부모의 돌봄이 필요하다.

· 초등 4학년의 벽 - 방과 후 돌봄교육의 이용이 끝나는 시기. 배우는 내용에 추상적인 개념이 늘어나면서 어려워지기 시작한다. 반항기도 시작된다.

둘째아이, 셋째아이가 있는 가정은 아이를 보육시설에 보내기 위한 활동이나 아이가 떼를 쓰는 시기도 육아의 벽이 될 수 있다.

경험상 어린이집 시절 아이의 돌봄(식사, 목욕, 재우기 등)은 부모가 아니더라도 문제없는 경우가 많아서 아이 돌보미에게 부탁하거나 시간이나 순서를 정해 루틴화할 수 있었다. 하지만 초등학교의 학업을 돌봐주는 일은 아이가 어디까지 할 수 있는지 어른이 지속적으로 관찰할 필요가 있어 다른 사람의 손을 빌리거나 루틴화하기가 어렵다. 아이가 스스로 숙제나 준비물을 챙기고, 현관문을 여닫을 수 있는 초등학교 3, 4학년 정도까지의 기간이지만, 의외로 길기 때문에 벽이라고 느끼는 사람도 많다.

· 알림장에 쓰여 있는 숙제나 내일의 준비물(자주 바뀐다)이 들어 있는지 확인한다.
· 숙제 하나하나에 사인을 한다.
· 학업에서 뒤처지는 부분을 체크한다.

하는 일 자체는 별것 아니지만, 매일 내용이 바뀌기 때문에 은근히 신경이 쓰인다. 귀가 후 두 시간이라는 짧은 시간 동안 돌봄교육 준비, 학원 준비, 학교 준비, 작은아이 어린이집 준비까지 하다 보면 가끔 빼먹는 부분이 발생했다.

· 숙제 채점을 나중에 하려고 생각했다가 잊어버린 채 제출했다.
· 돌봄교육에 가는 날이 아닌데 보냈다.
· 아이 돌보미를 구해야 하는데 잊어버렸다.

선배 워킹맘은 "학년이 올라가면서 스스로 하게 될 거야", "조만간 엄마 아빠가 나설 일이 없어질 거야"라고 하지만, 편해지는 날은 도대체 언제 올까?
물론 초등학생 자녀를 키우면서 집안일과 일을 제대로 양립하는 가정도 많다. 그러나 당시의 나는 독박육아 & 풀타임 근무였다. 아무리 발버둥을 쳐도 빠져나갈 길이 점점 없어지는 듯했다. 초등 1학년의 벽과 40세의 벽이 양쪽에서 나를 짓눌렀다.

가장 큰 원인이 무엇인지 분석해보니 매일 8시간 이상 직장에 있어야 하고, 업무방식이 고정되어 있기 때문임을 알았다. 게다가 내가 업무방식을 바꾸지 않는다는 전제하에 모든 스케줄과 경력을 계획하다 보니 빠져나갈 틈이 보이지 않았다.

지금이 일하는 방식을 바꿀 타이밍일지도 모르겠다고 깨달은 것은 첫째아들이 초등학교 1학년이었던 겨울이었다. 40세의 벽과 숨겨진 육아의 벽까지 눈앞을 가로막은 시기였다.

부부관계의 벽 – 유예 기간을 의식한다

이어서 부부관계의 벽에 대해 생각해보자. 40세의 벽은 결혼한 지 10년 즈음에 찾아온다. 부부관계의 벽은 여러 고민이 작은 '돌'이 되어 쌓이고 쌓여서 생긴다. 여기에서 작은 돌은 가치관의 차이, 육아 방침의 차이, 집안일과 육아 분담의 불만, 그런 문제를 해결하지 않고 방치하면서 어긋나는 마음 등이라고 할 수 있다.

예를 들어 냉장고를 바꾸고 싶은 아내와 차를 바꾸고 싶은 남편 사이에 의견이 엇갈렸다고 해보자.

아내: 일상적으로 사용하는 냉장고를 먼저 바꿔야지.

남편: 아니, 가족의 추억으로 연결되는 자동차가 중요하지.

결국 어느 한쪽이 의견을 굽히겠지만, 속마음으로는 납득하지 못할 것이다. 비슷한 에피소드는 어느 부부에게나 셀 수 없을 만큼 있다.

이런 사소한 문제를 서로 맞춰나가면서 부부의 유대 관계가 깊어지는 것이 이상적인 결혼생활이지만, 서로 어긋난 마음들이 발밑에 굴러다니는 돌이 되는 경우도 많다. 그 돌은 계속 밟히다가 모래가 되어 사라지기도 하고, 다른 돌과 서로 붙어서 거대해지기도 한다. 그런데 불만이라는 이름의 시멘트가 흘러들어 암반이 되거나 자신을 지키는 방파제로 삼기 위해 스스로 돌을 단단하게 굳힌다면 골치 아파진다.

가정마다 돌의 종류, 벽의 높이와 두께가 다르지만, 마흔 전후가 되면 함께 보낸 시간에 비례해 돌이 쌓이다가 벽이 되어 존재감도 커지고 있을 것이다.

나의 질문함(익명으로 질문을 하거나 받는 온라인 서비스)에는 날마다 여러 가지 고민이 날아든다. 지금까지 1,500건 이상의 질문에 답변을 해왔다.

부부관계에 얽힌 고민도 많이 들어온다. 가치관의 차이, 가사와 육아 분담의 불만, 육아 방식의 차이, 섹스리스, 하는 일의 전망에

▼ 다양한 벽이 서로 영향을 미쳐 40세의 벽은 두꺼워진다

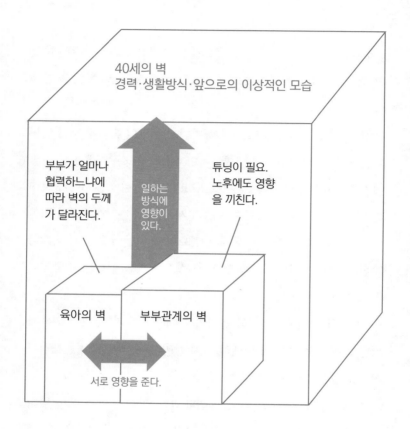

40세의 벽
경력·생활방식·앞으로의 이상적인 모습

부부가 얼마나
협력하느냐에
따라 벽의 두께
가 달라진다.

일하는
방식에
영향이
있다.

튜닝이 필요.
노후에도 영향
을 끼친다.

육아의 벽

부부관계의 벽

서로 영향을 준다.

대한 불안……. 나도 결혼생활 11년 동안 돌을 걷어차고, 쌓인 돌벽을 넘어가며 지금까지 버텨왔기에 고개가 끄덕여진다.

남이었던 두 사람이 부부가 되고, 아이가 태어나 가족이 된다. 그때마다 한 명에서 두 명, 두 명에서 세 명, 세 명에서 네 명의 관계가 되고, 십수 년 후에 다시 두 명의 관계로 돌아간다.

관계성이 변화하면 일시적으로 불안정해지면서 불안을 느낀다. 그럴 때마다 돌은 조금씩 쌓여간다. 특히 자녀가 있는 가정은 부부 둘만 있던 시기보다 돌이 발생할 확률이 훨씬 높다. 출산이나 육아는 부부 모두 처음 겪는 경우가 대부분이고, 극복하는 방법도 명확하지 않기 때문에 헤맬 수밖에 없다. 앞서 언급한 육아의 벽을 손잡고 함께 극복해온 부부와 당사자 의식이 크게 어긋난 부부는 벽 두께가 확실히 다르다.

돌이 발생했을 때 부부가 어떻게 대처했는지에 따라 이후 부부관계는 크게 변화한다(실제로 60세 전후인 사람들의 고민도 질문함에 들어온다). 매일 세세하게 유지 보수를 해서 벽이 되기 전에 돌을 제거해야 한다.

이상적인 것은 '긴급하지 않지만 중요한 일'에 부부가 제대로 대처하는 일이다. 구체적으로는 이상적인 부부상, 가족의 미션·비전·가치를 만들어나가는 데에 힘쓰는 것이다. 특히 서로의 이상적인 부부상을 알아두면 앞으로의 방향성이 보인다.

그러나 40세의 벽에 부딪히는 연령대에는 '긴급하지만 중요하지 않은 일'(청소, 빨래, 장보기, 요리, 가계, 육아, 돌봄, 건강 관리, 친족 간의 교류 등 매일 해야 할 자질구레한 일)이 너무 많은 시기다.

이런 일을 처리하면서 '긴급하고 중요한 일'(아이의 질병 대응, 가족의 스케줄 조정 등)까지 대응하고 있다면 '긴급하지 않지만 중요한 일'(이상적인 부부상, 가족의 미션·비전·가치 만들기 등)은 자연히 뒤로 밀린다. 그러면 그런 부부는 가망이 없을까? 물론 그렇지 않다.

일과 육아, 일상생활에 쫓겨 기저귀를 갈면서, 숙제를 봐주며, 쓰레기 버리는 생활을 하면서 현재진행형으로 '긴급하지 않지만 중요한 일'을 당장 생각하며 말하기는 힘들다. 그것이 부부관계의 벽

▼ 긴급하지는 않지만 중요한 일에 부부가 대처하는 것이 이상적이다

	긴급하다	긴급하지 않다
중요하다	아이의 질병 돌발적인 업무 안건 가족의 중대사 (사고, 트러블 등)	이상적인 부부상 가족의 미션·비전·가치
중요하지 않다	청소, 빨래, 장보기, 요리, 가계, 육아, 돌봄, 건강 관리 (매일 하는 일. 한 번 정도 건너 뛰어도 곤란하지 않다.)	안 될 때는 정보 수집 기간(유예 기간)이라고 생 각한다.

을 거대화시키지 않기 위해 중요하다는 것을 알아도 손쓸 수 없는 부부가 우리 주위에는 많다.

그렇다면 지금은 돌을 세세하게 제거해 부부관계의 벽이 거대해지지 않도록 하면서 부부관계의 방향성을 찾기 위한 정보 수집 기간(유예 기간)이라고 하면 좋지 않을까?

기념일에 서로 와인잔을 기울이며 어떤 부부가 되고 싶은지를 부부끼리 이야기할 수 있으면 좋겠지만, 가사, 육아, 직장 일에 허덕이고 있어서 그럴 여유가 없다.

'하루하루 생활에 쫓겨서 아이들 이야기 말고는 할 말이 없어. 둘이서 무슨 이야기를 하지?'

이렇게 생각하는 부부도 많다. 그런 시기는 서로의 정보를 수집하는 '유예 기간'이라고 생각해보자.

[부부의 유예 기간을 보내는 방법]

· 돌은 언어로 표현한다(마음이 어긋나는 부분을 일단 글로 써본다, 담아두지 않는다).

· 가끔 돌을 제거한다(부부가 함께 어딘가를 가거나 주말에 가장 신경 쓰이는 부분을 이야기해본다, 메신저로 전달해본다).

· 벽을 거대하게 만들지 않기 위해 정보를 수집한다(서로의 부모님이 좋아하는 것, 싫어하는 것을 소개한다, 서로의 이상적인 부부상을 이해한다).

아이가 둥지를 떠난 뒤에 어떤 부부로 있고 싶은지 지금 당장 직설적으로 이야기하지 않아도 된다. 유예 기간이기 때문이다. 가능한 한 벽을 거대하게 만들지 않고, 돌을 늘리지 않는 쪽에 초점을 맞춘다. 일단 거기에 집중하겠다고 생각하면 마음이 조금 편해질 것이다.

2장

40세부터 행복을 만드는 자기 업

행복한 삶의 토대가 되는
3가지 요소

나는 두 아이를 둔 워킹맘이다. 직장인 시절 출산을 겪으면서 급격히 시간이 없어졌다. 물론 24시간이 사라질 리는 없고, 그동안 내가 지휘하며 마음대로 해온 내 시간에 아이 돌보기라는 커다란 덩어리가 들어서면서 시간이 거의 없어졌다. 가사, 육아, 일을 반복하면서 눈 깜짝할 사이에 하루하루가 지나갔다. 귀여운 아이를 보며 행복함을 느껴야 하는데 나는 왜 이렇게 피곤할까? 지금 생각해보면 그것은 40세의 벽의 서막이었다.

· '취미나 배움=행복'이지만 그것만으로는 부족하다.
· '돈을 많이 갖는다=행복'이 아니다.
· '일=행복'이라면 정년에 끝이 온다.
· '육아=행복'이라도 언젠가 아이는 둥지를 떠난다.

· '집에서 뒹굴거리는 시간=행복'이라면 운동 부족으로 오히려 건강을 해칠 가능성이 크다.

'나에게 행복은 무엇일까?'를 생각해보면 요소는 하나가 아니다. 여러 요소가 겹치는 지점을 찾는 것이 중요하다는 것을 40세의 벽을 앞에 두고 깨달았다.

20대에는 일과 친구가 중심(돈은 없고, 건강에 대해서는 생각해본 적도 없다), 30대부터는 일과 가족만(어쨌든 시간이 없다), 40대부터는 모든 것이 겹치는 지점을 찾을 수 있을 정도로 자신의 시야와 사고가 성장한다.

그렇다면 40세 이후 행복한 삶의 방향성은 도대체 어떻게 찾을 수 있을까? 자신에게 중요한 일이 겹쳐져 누군가의 정답이 아닌, 자신에게 정답이 되는 이상적인 모습은 무엇일까?

먼저 행복한 삶에는 어떤 요소가 필요한지 분석해보니 다음 세 가지가 보였다.

· 돈(수입, 자산)
· 연결(가족, 친구, 지인)
· 건강(체력, 인지력)

돈, 연결, 건강이라는 세 가지 요소는 인간이 행복을 느끼는 토대라고도 할 수 있다. 토대가 없으면 집은 지어지지 않는다. 강한 바람이 불거나 폭우(인생의 흔한 사건 사고)가 내리면 금방 흔들리고 만다. 그러지 않기 위해 이 세 가지 요소에 대해서 좀 더 깊이 파고들어보자.

① 돈

돈은 자본주의 사회에서 우리가 자유롭게 행동을 선택하도록 해주는 티켓이다.

· 상사와 맞지 않는다→돈이 있다→회사를 그만둘 자유
· 아이가 학원을 다니고 싶어 한다→돈이 있다→좋아하는 교육을 선택할 수 있는 자유
· 배우자와 성격이 맞지 않는다→돈이 있다→이혼할 수 있는 자유
· 재미있어 보이는 여행지를 찾았다→돈이 있다→여행할 수 있는 자유

많은 사람이 금전적인 불안에서 벗어나 자유로운 삶을 살기 위해 돈을 원한다. 결국 돈을 원하는 것이 아니라 자유롭게 선택할 수 있는 상태를 원하는 것이다.

선택이 자유로워지면 원하는 대로 살아갈 수 있다. 우리는 자신의 시간과 능력(인적 자본)을 노동력으로 제공해서 돈을 얻는다. 하지만 노동력만으로 돈을 버는 경우 정년이 되거나 나이를 먹으면 돈이 들어오지 않게 된다. 그렇다면 노동력만으로 얻는 돈은 언젠가 사라질 수 있다고 생각하고 돈을 마주할 필요가 있다.

우리의 부모 세대는 대부분 저축+퇴직금+연금으로 생활을 유지하고 있다. 부모 세대가 한창 일할 시기에는 가파른 경제 성장으로 저축 금리가 높아서 한 기업에서 40년 동안 근무하면 상당한 액수의 퇴직금을 받을 수 있었다. 더불어 연금도 자신이 낸 것 이상의 금액을 받을 수 있었다.

하지만 현재 마흔 전후의 세대는 그렇게 되지 못할 것이 빤해 보인다. 100세 시대로 수명은 증가하고 있고, 연금도 자신이 낸 금액 이상으로 받기는 어려워 보인다. 이직은 당연한 일이고, 같은 기업에 40년 동안 근무하는 사람은 거의 없어서 퇴직금도 기대할 수 없다. 그렇다면 어떻게 해야 할까?

· 평생 현역으로 일한다.
· 돈이 들어오는 구조를 만든다.

40세 이후에는 이 두 가지 방법으로 돈이 들어오는 경로를 생각해보자. 먼저 평생 현역으로 일하려면 무엇을 해야 할까? 자신이 제공할 수 있는 능력이나 기술은 무엇인가?

예를 들어 문화센터에서 무언가를 가르치고 있는 70대 여성이 있다고 하자. 현역 시절부터 쌓아온 경력을 바탕으로 취미에 관련된 것을 가르쳐 20명에게 매월 3,000엔의 수업료를 받으면 월 6만 엔이 된다. 장소 대여료를 내도 5만 엔은 남을 것이다. 연금+매달 5만 엔(연간 60만 엔)의 수입이 들어오는 경로다. 액수가 적어도 정기 수입이 있다는 것은 정신건강상 매우 중요하다. 이 부분은 4장에서 좀 더 자세하게 설명하겠다.

다음으로 돈이 들어오는 구조에 대해서 생각해보자. 이것은 자신의 노동력에 의존하지 않고, 돈이 들어오는 구조를 만드는 일이다. 투자신탁을 사서 배당을 늘리는 것처럼 규모가 작은 일도 있고 비즈니스 오너가 되어 노동은 다른 사람에게 맡기고 수익을 가져오는 것처럼 규모가 큰 일도 있다.

경영자(자신도 일하게 된다)가 아니라 자신이 자고 있는 동안에도 돈이 들어오는 구조를 만드는 것이다. 어려울 것 같지만, 개인도 가능하다. 예를 들어 인스타그램이나 블로그의 제휴마케팅으로 수입을 얻거나 note(창작한 글, 일러스트 등을 판매할 수 있는 일본의 서비스-역주)에서 문장을 판매하는 것도 이 구조를 이용하는 것이다.

돈이 들어오는 구조에는 반드시 성공한다는 정답이 없다. 투자액, 적성도, 기간, 시황, 본인의 자질 등 변수가 많기 때문이다. 자신에게 잘 맞는 돈맥을 찾을 수밖에 없다.

· 작게 시작해본다.

· 잘 된다면 지속한다.

· 잘 되지 않으면 개선해본다.

이 과정을 반복한다. 찰리 채플린은 영화 <라임라이트Limelight>에서 다음과 같은 명대사를 남겼다.

> "인생은 두려워하지 않으면 아주 멋진 것이다. 용기와 상상력, 그리고 얼마간의 돈이 있으면 된다."

한마디로 '꿈과 용기와 썸 머니'라는 말로도 알려져 있다. 빅 머니가 아니어도 되지만, 노 머니는 괴롭다. 내가 제안하고 싶은 것은 이 썸 머니를 어떻게 만들 것인지 생각하는 일이다. 내가 겪은 시행착오는 5장에 썼으니 참고하기 바란다.

② 연결

『행복의 자본론幸福の資本論』(다치바나 아키라)에는 "연결이란 사회자본(가족이나 친구를 포함한 인간관계)이며, 행복을 생각하는 데에 가장 중요하다"라고 쓰여 있다. 그 이유는 "인간은 공동체(직장이나

가족 등 소속된 곳)의 동료에게 좋은 평가를 받았을 때 행복감을 느끼는 생물이기 때문이다"라고 설명하고 있다.

하버드대의 로버트 월딩거Robert Waldinger 교수가 1938년부터 80년간 이어진 하버드 성인 발달 연구의 성과를 TED 강연에서 공표했다(인생을 행복하게 하는 것은 무엇인가? 행복에 대한 가장 오래된 연구가 주는 교훈What makes a good life? Lessons from the Longest Study on Happiness). '좋은 인생을 결정하는 요소는 무엇인가?'라는 주제로 724명의 삶을 75년간 추적 조사했더니 중요한 항목은 돈도 명성도 아닌 좋은 인간관계라는 결과가 나왔다고 한다.

우리는 아무리 많은 돈을 가지고 있어도 죽을 때 가지고 갈 수 없고, 몸은 나이가 들수록 쇠약해진다. 마지막에 남는 것은 '행복했었지'라고 느끼는 추억이다. 그렇다면 추억은 어디에서 생겨나는 것일까? 바로 좋은 인간관계다. 가족들과 함께 웃었던 일상, 친구들과 나누었던 즐거운 잡담……. 연결은 사람을 행복하게 한다.

좋은 인간관계라고 해도 뛰어난 사람, 지위가 높은 사람과의 관계처럼 거창한 것을 목표로 하는 것은 아니다. 같이 있으면서도 스트레스를 받지 않는 사람, 마음이 맞는 사람과의 원만하고 오래 지속되는 관계를 말한다. 구체적으로는 가족, 같이 운동하는 사람, 같은 취미를 공유하는 사람과의 연결이 있다. 또한 연결은 많다고 좋은 것도 아니다. 연결된 사람이 너무 많으면 인간관계의 스트레스가 쌓이고, 커뮤니케이션 비용이 들어간다.

로빈 던바Robin Dunbar 진화인류학 교수는 인간이 원활하고 안정적으로 사회관계를 유지할 수 있는 인원수는 30~150명(던바의 수)까지라고 주장했다. 학교로 따지면 한 반에서 다섯 반 사이일 것이다. 30명쯤 되는 사람과 무슨 일이 있으면 모이고, 곤란한 일이 있으면 상담하고, 심심할 때 수다를 떠는 정도의 완만하고 길게 가는 관계가 행복도를 높여준다.

당신은 그런 인간관계를 맺고 있는가? 사람은 나이가 들수록 한정된 장소에 있고, 한정된 사람들에게 둘러싸이기 때문에 새로운 관계를 만들기가 어렵다. 적극적으로 다양한 곳에 가서 인간관계를 만들 수 있는 사람은 다르지만, 많은 사람이 고정화된 인간관계에 정착한다.

머릿속으로 바로 연락할 수 있는 사람을 열 명을 떠올려보자. 최근 몇 년 사이에 알게 된 사람이 두 명 이하인 사람은 인간관계가 고정화되기 쉬운 유형이다. 나이가 들면 줄어들기는 해도 늘어나기 어려울 가능성이 크다. 그런 사람은 다양한 사람을 만날 기회를 의식적으로 만드는 것이 중요하다.

③ 건강

건강이란 무엇일까? 당신은 어떤 상태가 건강하다고 생각하는

가?

　세계보건기구World Health Organization, WHO 헌장에서는 "건강이란 육체적, 정신적 및 사회적으로 완전히 안녕한 상태이며, 단순히 질병이나 허약한 상태가 존재하지 않는 것은 아니다"라고 정의하고 있다.

· 몸의 건강
· 마음(머릿속)의 건강

　건강이란 이 두 가지를 충족시키는 상태다. 몸은 건강해도 치매인 노인은 건강하지 않고, 명석해도 몸을 돌보지 않아 몸 상태가 피폐한 직장인도 건강하다고 할 수 없다. 몸의 건강과 마음의 건강 모두 지키는 것이 중요하다. 건강은 인적 자본(자신이 가지고 있다가 돈으로 바꿀 수 있는 것)에 포함된다.

　인적 자본은 그 외에도 사람이 가지고 있는 시간, 체력, 능력도 포함한다. '① 돈' 항목에서도 언급했지만, 많은 사람은 인적 자본을 노동력으로 제공하면서 일하고 있다. 젊은 사람이 중요하게 여겨지는 것은 몸과 마음이 건강하고 노동력을 갖췄기 때문이다.

　건강은 눈에 보이지 않기 때문에 저도 모르게 마모되어 있을 수 있다. 지나치게 일을 하다가는 몸이 망가지거나 마음의 병이 생길 수 있다. 하지만 자신에게 딱 맞는 일이라면 오히려 건강을 유지하는 데에 큰 역할을 한다.

· 매일 정해진 시간에 일어난다.

· 규칙적으로 식사를 한다.

· (출퇴근을 한다면) 걷는다, 움직인다.

· 업무 관계자와 이야기하면서 자극을 받는다.

· 사고력을 이용해 생각한다.

FIRE나 이른 퇴직을 했다가 결국 복직하는 사람들이 많은 것이 생활이 지나치게 자유분방해져서 몸이 망가지는 패턴으로 가기 때문이다. 인간은 본래 게으르기 때문에 명확한 목적을 가지고 은퇴하지 않으면 생활이 흐트러진다.

일을 하지 않아서 생활리듬이 깨지고, 움직이지도 않고, 마음껏 먹고, 남과 이야기하지 않고, 생각이 없어진다면? 아무리 돈 걱정이 없어도 건강하지 못한 상태(죽음)를 향해 걷는 것과 같다.

일을 하고 있다는 것만으로도 규율을 지키며 생활한다는 강제력이 발휘된다. 직장인의 경우 65세에 정년이 오면 이 강제력이 작용하지 않게 된다. 그래서 정년 후에도 일을 계속하려면 어떻게 해야 할지 생각하고 준비해야 한다.

물론 일 이외의 취미나 배움도 마찬가지다. 일상생활에서 정해진 시간에 나가서 사람을 만나고, 꾸준히 사고력을 발휘하는 일은 40세 이후의 인생을 행복하게 살기 위해 중요하다.

정년을 맞이하지 않는
인생을 살기 위해

지금까지 돈, 연결, 건강에 대해서 세밀하게 검증했다. 그렇다면 이 세 요소를 모두 충족하려면 구체적으로 무엇을 해야 할까? 이는 40세 이후의 삶의 방향을 생각할 때 중요하다.

40대가 되면 인생의 시간도 점점 줄어든다. 이것저것 즐기면서 할 수 있는 10대나 20대와는 다르다(나 자신을 찾는 것이 허용되는 것은 30세까지). 여기저기에서 방황할 시간도 없고, 큰 리스크를 짊어질 수도 없다. 반면에 당장 결과를 내지 않아도 좋으니(대학생처럼 4년 후에 졸업, 취업이라는 시간 제한도 없다) 매일 서서히 걸음을 옮겨 10년 단위로 인생이 변화하는 방향으로 가면 된다.

이렇게 생각해보면 돈, 연결, 건강의 세 가지 요소를 충족시킬 수 있는 길이 점점 보인다. 당신도 보이는가? 그렇다면 우리가 앞으로도 계속할 수 있고, 장기적으로 인생을 그려나가면서 돈, 연결, 건강을 유지할 수 있는 길은 무엇일까?

바로 일이다. 일을 관두지 않고, 평생 현역으로 일한다는 관점을 가지는 것이다.

일을 하면 돈이 보수로 따라온다. 일을 하다 보면 남녀노소 다양한 사람과 연결된다. 일을 하면 말하고, 걷고, 움직이면서 몸을 움직일 기회가 생기고, 정해진 시간에 일어나는 등 생활에 리듬이 생기므로 건강을 유지하기가 더 쉬워진다. 일을 하는 것만으로 모든 것이 연쇄적으로 따라온다. 이 얼마나 이득인가?

참고로 여기서 말하는 '일을 관두지 않는다'는 것은 '회사를 관두지 않는다'는 뜻이 아니다. 직장인이라는 간판을 떼고도 계속 일할 수 있도록 40대부터 조금씩 행동해나가는 것이다. 정년을 맞이하지 않는 인생을 경력으로 그려본다.

현재 프리랜서로 일하는 사람은 '현재 하는 일에서 평생 현역으로 있을 수 있을까?'라는 생각까지 설계하고 있는가? 혼자 악덕 기업이 된 것은 아닌지 생각해보자. 지금 일하는 방식으로 계속하기는 어렵다고 생각한다면 조금씩 방법을 바꿔나갈 필요가 있다.

40대부터는 스스로 경력을 디자인한다

애초에 경력은 '시간적 지속성 혹은 계속성을 가진 개념'이라고

▼ 일을 하고 있으면 그것만으로 돈, 연결, 건강이라는 세 가지 요소를 충족시킨다

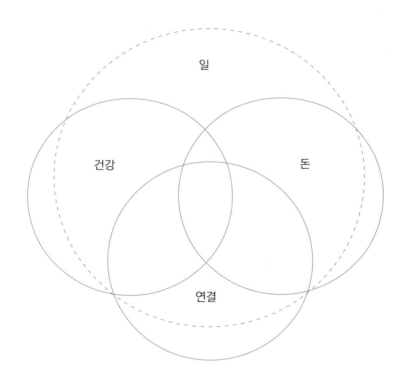

정의된다. 다시 말해 자신의 상태에 맞춰 디자인해나가는 것이다. 업무명, 직종명, 더구나 직급 등이 아니다.

스스로 디자인한다면 삶의 사건 사고나 생활 방식에 맞춰 일 자체를 줄이거나 때로는 새로운 분야에 도전하면서 인생에 맞춰갈 수 있다. 마흔 전후의 경력은 일에 맞춰 인생을 바꾸는 것이 아니라 (원하지 않는 전근이나 단신 부임 등) 인생에 맞춰 일을 디자인하는 것이다(전근하고 싶지 않다면 준비를 해둔다). 이것이 중요하다.

일을 관두지 않는 인생을 설계한다

① 돈
② 연결
③ 건강

이 세 가지 요소가 겹치는 부분이 어딘지 알게 되면 자기 일을 바라보는 시각이 달라진다. 여기에서 자신이 가진 ① 돈, ② 연결, ③ 건강을 한번 조사해보자. 글로 써보면 늘어나고 있는 것, 전혀 없는 것, 앞으로 늘리고 싶은 것이 보인다.

다음 워크시트에 자신의 현재 ① 돈, ② 연결, ③ 건강 상태에 대해 써보자.

▼ 내 경력의 세 가지 요소를 관리하는 시트

돈(수입, 자산 등)		
	무엇을	어느 정도
예	본업	35만 엔/월, 경리(전산회계 1급 소지)
	부업	3만 엔/월, 취미로 하는 로드바이크 부품 판매
	주식	200만 엔(리먼쇼크 후에 구매한 뒤 그대로)
	투자신탁	150만 엔(매월 3만 엔 적립)
	자택	매각하면 2,000만 엔(남은 대출 1,200만 엔)
나		

연결(가족, 친구, 지인 등)		
	무엇을	어느 정도
예	배우기	2명(자전거 타기 동료, 10년 동안 교류)
	가족	6명(부모님과 가족)
	직장	2명(동기, 회사를 관두고 나서도 만나려고 함)
	고교 시절	4명(20년 지기 친구. 언제든지 모일 수 있음)
	온라인 친구	2명(커뮤니티에 참가했다가 실제로도 만나게 됨)
나		

건강(체력, 인지력 등 마음의 건강까지 포함)		
	무엇을	어느 정도
예	생활 리듬으로 이어지는 것	출근이 있으므로 기상 시간은 6시
	체력 유지로 이어지는 것	수면 6시간 전후, 식사는 회사 식당에서 영양은 균형 있게
	스트레스로 이어지는 것	상사와 안 맞는 것
	운동으로 이어지는 것	자전거 출퇴근으로 매일 45분 운동 중
	배움으로 이어지는 것	업무 이외에 무언가를 배울 여유가 없음
나		

마흔 살부터
자기 업을 시작해본다

퀴즈를 하나 내보겠다. 돈, 연결, 건강 중에서 40세 이후 누구나 확실하게 약화되는 것은 무엇일까? 정답은 건강(인적 자본)이다. 건강은 젊은 사람이 가장 뛰어나며 나이가 들면서 누구나 잃어간다. 마라톤 풀코스를 4시간에 완주하든, 벤치프레스에서 100킬로그램을 올리든, 40세는 20세의 건강을 이길 수 없다. 세포 수준에서 무리한 이야기다.

다만 나이가 들면 금융자산이 늘어나는 경우가 많기 때문에 돈은 늘어날 가능성이 크다. 연결은 연령의 영향을 별로 받지 않는다. 다만 제대로 인간관계를 유지 보수(가족이나 친구와의 관계 유지, 새로운 만남)하지 않으면 잃게 될 가능성이 크다.

40세부터 건강은 약화되고 연결 또한 유지 보수가 필요하다는 것을 항상 의식해야 한다. 그렇다면 어떻게 이 두 가지를 의식해야 할

▼ 나이가 들면서 건강은 약화된다

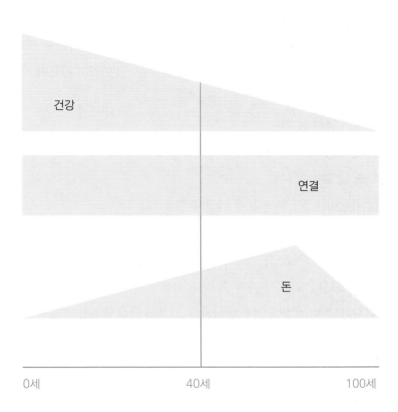

건강

연결

돈

0세 40세 100세

까? 가장 쉬운 방법이 있다. 이 두 가지를 커버하면서 돈도 늘려주는 방법이다.

그것은 건강을 유지하고, 연결을 충족시키고, 돈을 받을 수 있는 일을 하는 것이다. 돈, 연결, 건강이라는 세 가지 요소를 충족시키고, 보람을 가져다주는 일을 이 책에서는 '자기 업'이라고 부른다.

[자기 업의 정의]
· 돈, 연결, 건강이라는 세 가지 요소를 충족시키는 일
· 보람 있는 일
· 자신이 재량권(통제권)을 가질 수 있는 일

재량권을 가지는 것이 왜 중요할까? 누군가가 정한 규칙, 시간, 급여로 일하다 보면 세 가지 요소(돈, 연결, 건강)를 충족하기가 어려워서다. 특히 건강에 영향을 미친다. 시간과 일의 내용을 조절할 수 있다면 규칙적인 생활(생활리듬, 운동습관)을 유지할 수 있지만 재량권을 갖지 못하면 조금씩 건강이 무너진다. 당신도 일이 너무 바빠 끼니를 대충 때우거나 수면 부족에 시달린 경험이 있을 것이다.

또한 재량권을 갖지 못하면 스트레스가 자꾸 쌓여서 마음 건강을 해친다. 어떤 일이든 스트레스는 많든 적든 존재한다(아예 없을 수는 없다). 하지만 스트레스를 너무 쌓아두지 않고, 좋은 상태로 만들려면 자신이 재량권을 가지고 조절하는 수밖에 없다. 잘 다루면 스트

레스를 좋은 긴장으로 바꿔서 일의 능률을 올릴 수도 있다.

직장인 중에는 본업이 자기 업인 사람도 있다(예: 회사 경영층에 가까운 입장에서 회사의 성장과 자신의 성장이 겹치는 사람). 만약 현재의 일(본업)이 자기 업이 아니라면 다음과 같은 시점을 가져보자.

· 본업을 자기 업으로 삼기 위해 시행착오를 겪는다.
· 부업이나 다른 일과 조합한 전체를 자기 업으로 한다.

▼ 본업만, 혹은 부업이나 다른 일과의 조합으로 자기 업을 만든다

자기 업이란
· 돈, 연결, 건강 세 가지 요소를 충족시키는 일
· 보람을 느낄 수 있는 일
· 자신이 재량권(통제권)을 가질 수 있는 일

본업	메인으로 하는 직업, 주된 일, 수입원
부업	본업을 메인으로 하는 경우, 서브에 해당하는 일 (예: 본업=회사원, 부업=작가)
다수의 직업	일을 여러 개 하는 상태. 메인인지 서브인지는 상관없다 (예: 일1=카페 점원, 일2=편의점 점원)

자기 업과 부업, 다수의 직업의 차이를 표로 정리했다(자기 업을 시작하기 위한 준비, 구체적인 방법은 3장, 4장에서 설명한다).

자기 업을 갖는 것이 어려워 보이는 사람은 잠깐만 기다리자. 먼저 당신이 지금까지 해온 일이 이 항목을 충족시키는지 '내 경력 총정리 시트'에서 체크해보자.

자신이 지금까지 해온 일들을 써보고 돈, 연결, 건강을 충족시켰는지 돌아보는 것이다. 어떤 일이든 상관없다. 아르바이트도 가능하다.

나는 직장인 시절 이 워크시트로 내가 했던 일을 체크해보니 본업 하나로는 연결, 건강이 약하다는 사실을 깨달았다.

① 돈(○) - 기본급이 높기 때문에 어느 정도는 있다.

② 연결(×) - 전근이 많아서 인간관계가 단절된다(16년 동안 5번 이동).

③ 건강(×) - 장시간 일을 하느라 운동할 기회가 적고, 출장도 많아서 끼니를 대충 때우는 편.

이래서는 균형적이라고 말하기 어렵다. 그래서 나는 둘째를 출산한 뒤 하루 한 시간 정도 부업(블로그 운영, 서적 소개 등부터)을 시작했다. 그러자 다음과 같이 달라졌다.

① 돈(○) - 부업으로 매월 몇만 엔이 추가되었다.

	업무	일시	돈	연결	건강	깨달음
예	업무 사무	2010 ~2014년	△	×	○	급여는 적지만 퇴근 시간이 빨라서 필라테스에 다닌다.
	부업: 프리 마켓	2021년	△	△	×	쓰지 않는 물건이 돈이 되어 기쁘다. 구매자와의 거래가 즐겁다.

② 연결(○) - 회사 밖의 사람, 다양한 일을 하는 사람들과 연결이
생겼다.

③ 건강(×) - 본업+부업에 가사와 육아를 더하니 평일에는 시간
을 낼 수 없어 운동은 꿈도 못 꾸는 상태.

이후로 2년 정도 시행착오를 거치며 본업+부업을 하면서 결과적
으로 일하는 방식을 바꿨다. 내 경우 부업을 자기 업으로 하고, 지금
은 그 한 가지로 요가를 가르치고 있다(돈, 연결, 건강이 갖추어졌다).

내 예시는 어디까지나 일례이지만, 이렇게 ○△×를 붙이기만 해
도 앞으로 내가 어디를 강화해야 하는지 깨달을 수 있다. 그다음에
할 일은 갑자기 본업을 관두거나 이직을 하는 식의 당치않은 일이
아니다. 돈, 연결, 건강 세 가지가 겹치는 곳에 일의 씨앗을 뿌리기
위한 작은 시행착오를 겪어보는 것이다.

과거에 해왔던 일이나 부업을 글로 써보고, 어떤 일을 조합하면
괜찮을 것 같은지 생각해보자. 한 가지 일로 전부 채우기 어렵다면
일을 몇 개 가지면 된다.

또 다른 일을 갖는 것의 이점

본업 이외에 자기 업을 가지면 두 가지 효과가 있다. 첫 번째는 인

생의 위험을 분산할 수 있다는 점이다. 내가 두 아이를 둔 워킹맘이 되었을 때 가장 불안했던 것은 아이가 아프거나 등교를 하지 못해 내가 회사를 그만두면 수입 경로를 잃는다는 점이었다.

하지만 또 다른 일을 하나 더 가지고 있으면 본업이 없어져도 그쪽에서 수입을 확대할 수 있다. 회사를 관둔 뒤에 시작하면 수입이 늘어날 때까지 시간이 걸리지만, 본업과 병행해서 시작하면 도움 닫기 기간 동안 본업의 수입으로 보충할 수 있다.

두 번째는 미래를 위한 씨앗 뿌리기가 된다는 점이다. 40대부터 일의 씨앗을 뿌리면 50대, 60대에 꽃이 피기도 한다. 지금은 큰돈이 되지 않아도 경험이 늘고, 지혜도 생긴다.

자기 업 만들기에 도전해서 첫 번째에서 100퍼센트 성공하는 사람은 없다. 나도 블로그, 제휴마케팅 등 여러 가지를 시도했지만, 맞지 않다는 것을 알았다.

하지만 그 경험은 결코 헛되지 않았다. 그때 시행착오를 겪은 일, 새로운 인간관계가 생긴 일, 잘되지 않아 그만둔 일은 여러 가지 경험과 지혜가 되어 현재 하는 일에 밑바탕이 되었기 때문이다.

본업이 있는 사람이 일을 하나 더 하는 경우, 지금과 전혀 다른 일을 하나부터 만들기는 어렵다.

원을 하나 더 만든다고 생각하면 어려워 보인다. 시간이 부족한 40대에게는 벅찬 일이 될 수도 있다. 그래서 단순히 원을 하나 더 그리는 것이 아니라 표처럼 지금 하고 있는 일이나 원래 자신이 가

▼ 본업과 전혀 다른 자기 업을 만드는 것은 어렵다

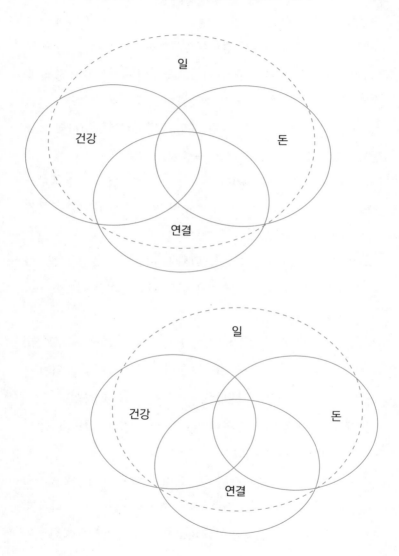

지고 있는 세 가지 요소의 연장선상에 여러 개의 원이 겹쳐져가는 (다층화) 이미지를 떠올려보자.

예를 들어 나는 글쓰기도 하나의 일이 되었는데, 그 밑바탕에는 몇 가지 요소가 있다. 본업에서 서류를 작성하는 업무가 많았던 것, 매년 300권 정도 책을 읽었던 것, 블로그를 운영하고 있었던 것 등이다. 밑바탕도 없는데, 갑자기 '글을 써서 돈을 벌자!'라고 생각한들 쉬울 리가 않다. 케이크에 대한 지식이나 경험이 없는 내가 내일부터 케이크 가게를 하겠다고 해도 잘될 수 없는 것과 같다.

당신도 현재 하고 있는 일의 연장선에서 일거리의 씨앗을 찾을 수 있을 것이다. '이건 어떨까? 저건 어떨까?' 하면서 조금씩 씨를 뿌려 키워나가는 것이 또 하나의 수입 경로를 늘릴 수도 있고, 나아가 인생의 위험을 분산해준다.

당신의 일에는 지금 세 개의 원이 겹쳐 있는가? 40대부터는 돈, 연결, 건강이 겹치는 자기 업을 디자인해보자.

▼ 지금 하는 일의 연장선상에 자기 업을 겹쳐 나간다

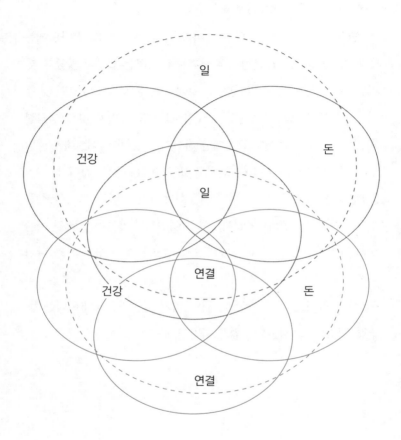

3장

40세의 벽을
뛰어넘는
자기 업 시작법
_준비

인생 후반의 목적을
언어화해본다

이번 장에서는 당신이 돈, 연결, 건강을 충족시키는 자기 업을 시작하기 전에 생각해두어야 할 것을 전달하고자 한다.

먼저 당신의 인생 후반전의 목적을 표현하는 연습부터 해보자. 40세의 벽을 뛰어넘은 미래조차 보이지 않는데? 그렇다. 보이지 않기 때문에 어떤 식으로 나이를 먹어가고 싶은지 표현하는 것이다. 물론 갑자기

"당신의 인생 목적은?"

"죽기 전에 어떤 삶이었으면 만족할까?"

"○년 후에 어떻게 되고 싶은가?"

"앞으로 뭘 하고 싶은가?"

이런 질문을 받아도 "당황스럽다", "솔직히 인생의 목적 같은 건 모른다"라고 갈팡질팡하는 사람이 많을 것이다.

마흔까지 오는 전반 40년 동안에도 환경은 점점 변했고, 자신의 경험과 가치관, 사고방식이 매년 업데이트되었다. 설령 지금 생각할 수 있는 목적을 말로 표현한다고 해도 솔직히 그것이 최적의 답인지 알 수 없다.

인생의 목적은 '찾는 것'이 아니라 '도출하는 것'

요즘은 시대의 변화가 빨라져서 '삶의 목적을 정하지 않아도 된다. 하고 싶은 것을 일단 하고, 그것이 쌓이면 인생이 정해진다'라는 생각도 퍼져나가고 있다.

나도 이 사고방식에 대체로 찬성한다. '인생의 목적은 무엇인가?'라는 생각으로 걸음을 멈추는 것보다 우선 행동하고 앞으로 나아가는 편이 훨씬 많은 배움을 얻을 수 있다. 그러나 어느 방향으로 나아갈지는 어느 정도 결정해둘 필요가 있다.

어떤 것을 해야 재밌고, 하고 싶다는 생각이 들까? 이를 분명히 아는 사람은 자신이 소중히 여기는 것이나 가치관, 즉 현재의 행동이나 선택의 기준이 명확하다. 삶의 목적을 몰라도 나아가야 할 방향은 확실하다.

이 현재의 행동과 선택의 기준이 확실하지 않기 때문에 다들 '인생의 목적은? 나아가야 할 방향은?' 하고 고민하지 않을까?

참고로, 인생의 목적은 찾는 것이 아니다. 자신의 가치관을 바탕으로 골라낸 과거의 경험에서 도출하는 것이다. 자신의 내면에 잠들어 있거나 이미 알고 있을 수도 있다.

"○○이 좋다."

"○○한 곳이 즐겁다."

"○○한 사람이 좋다."

"○○을 이루고 싶다."

"○○한 것에 둘러싸이고 싶다."

이런 ○○들이 모이면 당신이 행복하다고 느끼는 상태가 만들어진다. 불행해지기 위해 사는 사람은 없다. 행복하다고 느끼는 상태에 도달하기 위해 인생길을 걷고 있는 것이다. 즉 행복하다고 느끼는 상태를 언어화한 것이 삶의 목적이다.

목적지를 언어로 표현하면 도달할 수 있다

사람은 말로 표현하지 못하는 것은 의식하지 못하고, 행동으로 옮기지 못한다. 희미한 상태로 흘러가고 만다. "어떤 삶을 살고 싶은가?", "어떤 시간을 보내고 싶은가?"를 표현하는 것은 인생의 목적을 결정하는 일로 이어진다.

내비게이션에 목적지를 넣으면 설령 길을 잘못 들어도, 우회하더라도, 시간이 걸리더라도 언젠가는 목적지에 도착한다. 그런데 목적지가 정해져 있지 않으면 경로를 이탈하거나 아예 출발하지 못할 수도 있다.

그러나 인생의 목적이 무엇인지, 어디로 향하고 싶은지 물었을 때 선뜻 대답하지 못하는 사람도 있다. 환경이 점점 변하고 있기 때문에 미래를 전망하지 못하는 사람이 있는 것도 당연하다.

그런 경우에는 목적지는 넣지 못하더라도 서쪽으로 가고 싶은지, 동쪽으로 가고 싶은지, 가고 싶은 곳이 바다 쪽인지 산 쪽인지 정도의 방향성은 정해둘 필요가 있다. 인생의 시간은 멈추지 않고 나아가기 때문이다.

그럭저럭 하루하루를 보내고, 그럭저럭 어려움을 극복하고, 그럭저럭 즐기면서, 시간이 흘러 도착한 곳이 산이었는데, "아, 사실은 바다 쪽이라면 좋았을 텐데"라는 결론에 도달한다면 도저히 웃을 수 없는 상황이 된다. 이런 경우가 의외로 존재한다.

"사실은 그 당시에 이러고 싶었어"라며 후회 속에 여생을 보내는 사람도 많다. 시간은 유한하고 되감을 수 없다. 그렇기 때문에 '목적지=어떤 삶을 살고 싶은지' 방향성만이라도 표현해두어야 한다.

인생의 목적을 정하는 일은 자신이 소중히 하고 싶은 것을 언어화하는 일이다. 더 말하자면 언어화하기 위한 시간을 만드는 것이 첫걸음이다.

언어화하기 위한 구체적인 방법

그렇다면 어떻게 삶의 목적을 언어화해야 할까?

언어화라고 하면 어려워 보이지만, "어떤 인생이었다면 만족할 것인가?"를 충족시키는 항목을 표현해보면 된다.

'하고 싶은 일 100가지 리스트'를 써본 적이 있는가? 다이어리를 꾸밀 때 많이 쓰는 방식이다.

나는 매년 연말부터 다음 해 연초까지 새로운 다이어리를 펼치고 '하고 싶은 일 100가지 리스트'를 쓰고 있다. 이것을 쓰기 시작하면서 인생의 목적이 보이기 시작했다. 처음에는 쓸 항목이 없어서 막막했다. 30개 정도 쓰면 더 쓸 말도 없었다. 그래도 매년 썼다.

· 뭐든지 좋으니까 쓴다 – "멍 때리고 싶다"라고 써도 된다.

· 한 번에 몰아서 쓰지 않는다 – 갑자기 생각나지 않으므로 느긋하게 한 달 정도 걸려서 쓴다.

· 비슷한 것을 적어도 된다 – 운동하고 싶다, 달리고 싶다 등.

쓰기 시작한 지 10년 정도 지났는데, 해가 갈수록 구체적으로 언어화하게 되었다.

· 첫해 – 바다에 가고 싶다.

· 현재 − ○○섬의 ○○비치에 8월에 가고 싶다(구체적으로 되어간다).

하고 싶은 일 100가지 리스트에서 인생의 목적을 구체화하는 방법으로 우선 리스트 중 장르가 비슷한 항목에 같은 색의 마커를 긋거나 ○를 그려서 구분한다. 그러면 "일과 관련된 항목은 전혀 없고, 가고 싶은 곳이 잔뜩 있구나", "가족과 관련된 항목이 많고 다른 인간관계는 별로 없구나"라는 식으로 깨닫는 바가 있다.

게다가 항목 수가 적은 분야에서 더 하고 싶은 것은 없는지 생각해보거나 반대로 항목 수가 많은 분야에서 더 구체화할 수 있는 것은 없는지 고려할 수도 있다. 그러면 머릿속의 물음에 대답하는 형태로 조금씩 언어로 표현되어 나온다.

하고 싶은 일=인생의 목적(이루고 싶은 것에 가깝다)을 위해 점점 본인이 행복이라고 느끼는 상태를 표현하게 된다.

인생의 목적을 언어화하는 일은 인생의 내비게이션에 목적지를 설정하는 것과 같다. 한두 번으로는 말로 표현할 수 없을지 모르지만, 횟수를 거듭하다 보면 어느 방향으로 가고 싶은지 눈에 들어온다.

이것만 할 수 있으면 나머지는 시간을 들여 구체적으로 표현하면 된다. 하고 싶은 일 100가지 리스트를 매년 쓰다 보면 해가 지날수록 더욱 구체적이 되어 나중에는 진정한 인생의 목적을 설정할 수 있다.

언어화의 효과는 여러 서적에 나와 있다. 언어화에 따라 자신의 소망을 밖으로 표출해 메타인지하면 뇌의 RAS라는 시스템에 소망이 설정된다고 한다.

그 후 행동을 선택하는 기로에 놓일 때 뇌의 90퍼센트를 차지하는 잠재의식이 언어화된 표현으로 이어지는 행동을 고른다. 본인은 잊어버렸어도 뇌가 기억하는 것이다. 그리고 1년이 지나면 그런 선택이 쌓이고 쌓여서 결과적으로 소망이 이루어지기도 한다. 이것이 인생의 목적을 언어화하는 효과다.

당신의 인생 목적은 무엇인가? 방향성이 아직 보이지 않는다면 먼저 연습으로 하고 싶은 일 100가지 리스트를 써보자. 쓰다 보면 자신이 행복하다고 느끼는 상태(=목적)가 명확해진다. 그러면 그때부터 '행복을 누리기 위해 할 일은 무엇일까?'라고 사고가 움직이기 시작한다. 많은 사람에게 둘러싸여 무언가를 달성하고 싶을 수도 있고, 물건을 만들어서 사람들의 어려움을 해결하고 싶을 수도 있다. 그러면 세상이나 주위에서 좋다고 말하는 것이 아니라 자신이 행복하다고 느끼는 것이 중심이 되는 자기 업의 생각 안테나가 펼쳐질 것이다.

말로 표현하는 습관을 들이면 자신의 내비게이션이 제대로 작동하기 시작한다.

인생 후반전에
모든 사람의 정답은 필요 없다

인생의 후반전을 어떻게 디자인할지 생각했을 때, 세상이나 타인이 좋다고 하는 것, 즉 모두의 정답을 기준으로 하지 않는 것이 매우 중요하다.

인생의 전반전은 아직 자신의 가치 기준이 확실하지 않기 때문에 부모, 선생, 사회가 정답이라고 알려준 것을 의식적으로나 무의식적으로나 선택하기 쉽다. 하지만 그 정답을 따라 살아왔는데도 40세의 벽이 눈앞에 있는 것은 모든 사람에게 정답이었던 것이 지금 나에게는 정답이 아니라는 뜻이다.

여기에서 말하는 '모두의 정답'이란 무엇일까?

· 부모님이나 선생님에게 칭찬받는 일을 한다.
· 조금이라도 높은 점수를 받아야 갈 수 있는 대학을 목표로 한다.

· 대기업에 취직해야 한다.

· 한번 시작한 일은(배우기, 동호회 활동) 중단하지 않는다.

이런 것이 바람직하다는 가치관이 무의식적으로 각인되어 있지 않은가? 시대나 다른 이의 기준으로 만들어진 가치관의 틀 안에 갇힌 것이다. 그 틀 안에서는 '최고, 빨리, 높이, 길게(지속)'를 정답으로 본다. 우리는 어렸을 때부터 이 정답에 도달하기 위해 경쟁해왔다.

30~40대 중 상당수는 이런 모두의 정답에 맞춰가야 한다는 교육을 받았다. 자신의 가치관이 어떻든 일단 모두가 정답으로 여기는 것에 맞추면 부모님과 선생님에게 칭찬받았고, 같은 가치관이 주입된 동급생의 부러움을 샀다.

모두의 정답이 아닌 나의 정답이 가치가 되는 시대

뭐든지 넘쳐나는 현대 사회에는 모두 같은 일을 하고 있으면 성장할 수 없기에 점점 독자성과 개성을 중시하게 되었다. 마흔 전후 세대는 모두 같은 곳을 바라보면서 그중에서 일등이 되어야 가치 있다는 교육을 받았지만, 사회에 나오자 모두 같지 않은 것, 즉 독자성, 개성이 가치로 인정받는 세상에 살고 있다. 인풋(교육)과 아웃풋(일)의 규칙과 평가가 어긋난다고 할 수 있다. 그래서 독자성과 개성이 가치 있는 시대에 익숙해지려면 몇 가지를 털어내야 한다.

· 맞지 않는 것에서 벗어날 용기를 지닌다(정답을 의심한다).
· 위화감을 느끼면 넘어가지 않는다(마음에 걸리는 것을 붙잡는다).
· 모두의 정답 외에서 기준을 찾는다(정답보다 재미).
· 나의 고집이 가치를 낳는 영역을 찾는다(시장을 넓힌다).

현재 우리 아이들은 독자성과 개성이 요구되는 시대를 살고 있다. 게다가 사회에서는 빨리 그것을 발견하라고 말한다. 우리 세대는 높은 입시 점수, 대기업 취직, 빠른 출세 등 같은 틀 안에서 경쟁하면서 평가를 당했고, 그것은 일단 어긋나지 않는 길이었다.

아이들 세대는 모두의 정답이라는 것이 없다. 더욱 난도가 높은 것은 자신의 독자성과 개성을 일찍 깨닫고 학업, 일, 생활방식에 반영시켜 인생을 걸어야 한다는 점이다. 모두의 정답이 아니라 나만의 정답을 찾아야 한다. 그렇다고 "나는 해적왕이 될 거야!"라고 할 수는 없는 노릇이지 않은가.

사회적, 윤리적인 관점도 염두에 두면서 여러 가지를 배우고, 무엇을 좋아하고 싫어하는지, 무엇에 흥미나 문제의식을 느끼는지, 독자성과 개성을 살려 어떻게 주체적으로 살아갈 것인지 생각해야 한다.

마흔 전후인 우리도 40세의 벽을 기회로 삼아 모두의 정답이 아닌 나만의 정답에 눈을 돌려야 한다. 지금까지와 같은 일을 반복하면 막다른 골목에 다다를지도 모른다는 느낌이 들었는가? 지금까지와 다른 것에 주목(자신의 개성이나 독자성을 발굴해본다, 소중히한다)할 때 분명히 다른 길이 열릴 것이다.

· "나다운 것이 뭐야?"라고 동료나 친구에게 물어본다.
· 편애(추측이어도 된다)하는 것을 써본다.
· 지금까지 시간과 돈을 쓴 일을 정리해본다.
· 지금까지 주어진 역할(학생, 부원, 아르바이트, 사원, 아이, 부모, 친구, 연인……) 중에서 자신에게 딱 맞았던 것을 떠올려보고, 이유를 생각한다.

나만의 정답이 가치가 된다. 반면, 모두의 정답이라는 안경을 쓰고 있으면 보이지 않는다. 안경을 벗고 시각이 변하면 모두의 정답이 아니라 나만의 정답에 초점을 맞춘 일=자기 업이 보인다. 그러면 인생의 후반전을 지금보다 좀 더 나답게 살 수 있지 않을까?

보수란 무엇인가?
자신이 받고 싶은 보수의 종류는?

 직장인이라면 '보수'라는 말을 들으면 금전적인 것부터 떠올릴 것이다. 그러나 금전적인 것 외에도 보수의 종류는 매우 다양하다. 혹시 당신은 자신이 직장에서 지금 어떤 보수를 받고 있는지 생각해본 적이 있는가?

· 정신적 보수(즐거움, 기쁨을 느낀다.)

· 기능적 보수(능력, 기술, 경험이 증가한다.)

· 금전적 보수(급여, 보너스, 복리후생 등.)

· 신뢰적 보수(사회적 신용, 인물 평가가 올라간다.)

· 공헌적 보수(멤버나 동료의 육성에 참여한다.)

 나는 2020년에 직장인을 졸업할 때까지 16년 정도 회사에 다녔기 때문에 전형적인 노동자의 시선으로만 보수를 보고 있었다. '무엇을 배울 수 있고, 얼마를 받을 수 있는가?'라는 부분, 즉 기능적 보수나 금전적 보수를 주로 의식했다. 상대(회사)가 지불해주는 정신적 보수(즐거움이나 쾌적한 직장을 위한 유지비용), 신뢰적 보수(회사원이기 때문에 받는 신용), 공헌적 보수(매니저로서의 경험 등을 얻을 기회)는 보지 못했다.

그러나 최근 몇 년간 다른 사람의 부탁으로 일을 하거나 반대로 다른 사람에게 일을 부탁하면서 상대에게 어떤 보수를 받고 있는지, 이쪽은 어떤 보수를 줄 수 있는지 생각하게 되었다.

금전적 보수 이외의 보수를 생각한다

사람마다 받고 싶은 보수는 다르다.

· 얼마를 받을 수 있는가?(금전적 보수) – 고용된 사람(회사원 등)이나 학생, 부업 초보자 등이 보고 있는 영역

· 얼마+무엇을 받을 수 있는가?(금전적, 기능적, 신뢰적 보수) – 갓 창업한 개인사업자, 전문직이 보고 있는 영역

· 돈 이외에 얻을 수 있는 것은 무엇인가?(정신적, 공헌적 보수) – 금전적으로 곤란하지 않은 사람, 자녀가 있거나 본업이 있거나 경영

자 등이 보고 있는 영역

이렇게 생각하면 업무 의뢰를 받았을 때 "금전적 보수는 적지만, 신뢰적 보수가 많으니 이 일은 받자!"라고 판단할 수 있다. 내가 일을 부탁할 때도 나는 금전적 보수를 건네려고 생각했지만, 상대는 기술적 보수를 원한다면 금액이나 업무 내용을 교섭할 수 있다.

돈이 없어도 여러 사람의 도움을 받고 있고, 행동이 빠른 사람은 보수의 설계에 능숙하다는 인상이 있다. 예를 들어 작은 커뮤니티를 만들고 싶은데 예산이 없다고 하자. 그럴 때 "돈은 많이 줄 수 없지만, 커뮤니티 운영을 배울 수 있으니 같이 도와주시겠어요?"라고 말하면 동참하는 사람이 모여든다. 그러면 돈이 모일 때까지 기다리는 것보다 빠르게 착수할 수 있다.

자신이 어떤 보수를 원하는지 잘 모르겠다면 동경하는 일을 하고 있는 사람이나 되고 싶은 사람을 관찰해보자. 그 사람이 하는 일을 보고, '어떤 종류의 보수를 받기 위해서 일하고 있을까?'를 관찰해보자. 여러 가지가 눈에 들어올 것이다.

특히 금전적 보수가 아닌 다른 보수를 중시하면서 일하는 사람을 보면 그 사람이 무엇을 소중히 하는지 알 수 있다(예: 광고 계통의 일은 받지 않지만, 사회적 신용이 높은 사람과의 일은 수락하는 유명인은 신뢰적 보수로 일을 선택할 가능성이 크다).

또한 본업이 있는 동안에는 금전적 보수가 보충되므로 금전적 보

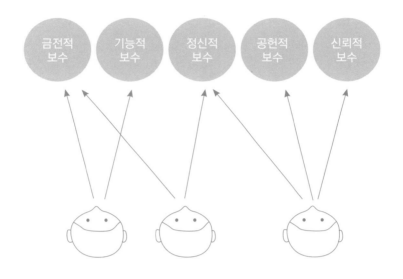

▼ 사람마다 보는 보수가 다르다

수 이외의 것을 얻을 수 있는 일이나 챌린지를 해보면 좋을 것이다.

내가 하는 Voicy(일본의 음성 미디어 서비스, 인터넷 방송 플랫폼)는 직장인 시절에는 정신적 보수(하고 있으면 즐겁다), 기술적 보수(이야기를 잘하게 된다), 신뢰적 보수(신뢰 받는다), 공헌적 보수(맞벌이 세대에 도움이 된다)를 위해 했다. 이런 보수를 얻고 있었기 때문에 지속할 수 있었고, 이후 금전적 보수와 요가 일로도 이어졌다.

당신은 회사나 부업에서 어떤 보수를 받고 있는가? 그리고 자신에게 필요한 보수는 무엇인가? 보수라는 관점에서 생각하면 자신이 찾는 자기 업의 이미지를 더욱 구체적으로 그릴 수 있다.

아웃풋에 딱 맞는
극장과 상연 목록을 찾는다

여기까지 읽으면서 자기 업이 흥미로워 보이고, 자신도 뭔가 할 수 있을 거라고 느꼈는가? 그렇다면 자기 업을 시작하고 싶은데 무엇부터 해야 할지 모르는 사람이 시도하면 좋은 일을 전달하겠다.

그것은 바로 아웃풋(자신의 생각을 밖으로 내보내는 것)이다. 그것도 회사 안이나 가까운 장소가 아니라 세계(인터넷)를 향한 아웃풋이다. 이를 어렵게 생각할 필요는 없다. SNS나 블로그면 된다.

나는 직장인 시절부터 정기적으로 아웃풋을 한 덕분에 나를 깊이 이해한 동시에 자기 업의 방향성을 정할 수 있었다. 왜 아웃풋을 하면 자기 이해가 깊어질까? '무언가를 생각한다→언어로 표현한다→밖으로 내보낸다(쓰기, 말하기 등)'의 흐름으로 자신의 생각을 객관적으로 보고, 분해할 수 있기 때문이다(메타인지). 아웃풋을 통하면 희미했던 자신의 생각에 윤곽이 뚜렷해진다.

▼ 아웃풋하면 자기 이해가 깊어진다

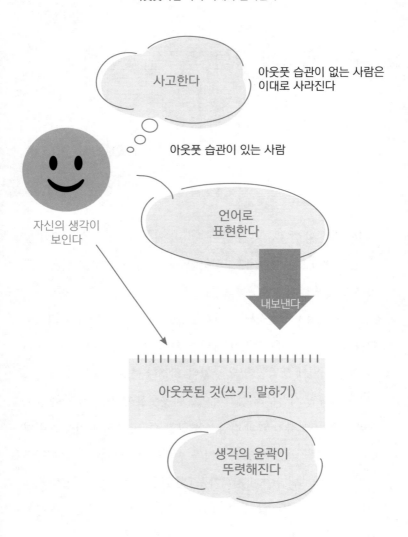

예를 들어 나는 처음에 워킹맘을 대상으로 생활의 지혜를 제공했다. 그러나 아웃풋을 하다 보니 나는 가전 사용법을 설명하고 싶은 것이 아니라 왜 가전을 능숙하게 사용하고 싶은지(시간이 부족한 것에 대한 불만, 시간이 부족한 원인), 그 이면에 자신이 안고 있는 문제의식을 깨닫게 되었다. 이것은 가전을 사용하는 것만으로는 보이지 않았던 부분이다.

또한 아웃풋한 것에 반응이 돌아오면('좋아요'나 댓글이 달린다) 자신의 말이나 생각에서 부족한 부분을 깨닫고, 자기 이해가 더욱 진행되어 점점 나만의 표현으로 생각을 설명하게 된다.

자기 업을 조합할 때 가장 큰 장애물은 '무엇을 하고 싶은지, 무엇을 할 수 있는지 모르는 것'이다. 이것은 누가 가르쳐줄 수도 없다. 그 모름을 극복하는 데에는 아웃풋이 제격이다.

오늘날 우리는 자유롭게 온라인에서 자신의 생각을 표출할 수 있는 사회에서 살고 있다. 아웃풋 매체가 늘고 있어 게시하는 데에 비용이 들지 않는다. 누구나 할 수 있기 때문에 이용자는 증가하고 있다. 그러나 그것을 보고, 듣고, 팔로우하는 사람의 수는 한정되어 있다.

공연을 하는 극장이 많다고 해서 고객 수가 급증하는 것은 아니다. 그래서 아웃풋을 하려면 어느 극장에서 공연할지, 무슨 공연을 할지, 어떤 손님을 모으고 싶은지가 중요해진다.

· 극장 - 플랫폼

· 상연 목록 - 콘텐츠

· 고객 - 페르소나(고객상)

나의 아웃풋은 무엇을 위해서인가?

나는 매사에 목적이 가장 중요하다고 생각한다. 원래 무엇을 위해 하는지, 무엇을 하고 싶은지를 생각해야 한다.

· 목적 - '꿈, 소망, 이상'이라는 산꼭대기

· 목표 - '무엇을, 언제까지, 어떻게 할 것인지'라는 플래그

목적과 목표를 혼동하는 일이 자주 일어나므로 주의해야 한다. "100만 엔을 벌고 싶다", "팔로워를 모으고 싶다"는 어디까지나 플래그에 지나지 않는 목표다. 그 너머에 있는 목적이 중요하다.

· 100만 엔을 벌고 싶다(목표)→벌어서 무엇을 하고 싶은가?(목적)

· 팔로워 수 1만 명(목표)→팔로워를 모아서 ○○의 고객을 모으고 싶다(목표)→○○으로 어떻게 되고 싶은가?(목적)

▼ 단계별 목표(플래그)는 변경해도 된다

목적(산꼭대기)
[꿈, 소망, 이상]

목표(플래그)
[무엇을, 언제까지, 어떻게 한다]

　목적은 골이고, 목표는 어디까지나 그곳에 도달하기까지의 단계
다. 단계별 목표(플래그)는 언제든지 변경해도 된다. 목표를 달성하
지 못하더라도(플래그를 획득하지 못해도) 골은 달성할 수 있다.

　예를 들어 '90세까지 누구의 힘도 빌리지 않고 걸을 수 있는 신체
를 유지한다=건강수명 90세'가 목적이라고 하자. 그래서 40대부터
주 2회 근력운동, 매일 복근운동 100회, 매년 등산 두 번, 매월 마라
톤 20킬로미터를 목표로 삼았다고 해보자. 만약 그 목표를 전부 하
지 못해도 최종적으로 90세까지 누구의 힘도 빌리지 않고 걸을 수

있으면 된다. 목표는 변경할 수 있다. 도중에 "운동이 아니야. 식단이 중요해"라는 생각이 들면 플래그를 변경해도 된다.

아웃풋은 타석에 서는 횟수로 증명한다

우리는 유명인도, 천재 콘텐츠 크리에이터도 아니고, 든든한 후원자도 없다. 우리 같은 일반인은 타석에 서는 횟수로 증명해야 한다. 시행착오의 횟수가 결국 최단 경로가 된다.

자신에게 맞는 극장도 있고, 맞지 않는 극장도 있다. 상연 목록이 나쁠 때도 있고, 상연 목록이 좋아도 고객이 받아들이지 못하는 회차도 있다. 하지만 해보지 않으면 알 수 없다. 해보면 보상으로 PDCA[Plan(계획), Do(실행), Check(평가), Act(개선)를 주기적으로 실행하면서 목표를 달성하는 기법-역주] 사이클이 회전하면서 조금씩 아웃풋 능력이 붙는다.

위대한 에디슨도 1,000번 실패했다는 이야기는 성공할 때까지 도전하라는 의미가 아니다. 애초에 일반적인 사람은 1,000번이나 실패할 수 없다. 1,000가지나 되는 다른 방식을 떠올리지 못하기 때문이다.

아웃풋할 소재를 100가지 써보려고 해도 갑자기 100개씩이나 떠오르지는 않는다. 그러나 여러 가지 패턴으로 실제로 아웃풋을 해보면 '이 조합은 좋을지도 몰라', '이런 내용이 재미있을지도 몰라', '이런 이야기는 이 플랫폼이 좋겠어'라고 경험이 영감을 불러온다. 그러면 100개, 200개 아웃풋의 양이 자연히 늘어난다. 아웃풋하고 싶은 것이 떠오르지 않거나 소재가 없다고 생각하는 사람은 본래 아웃풋을 하는 습관이 없고, 인풋의 안테나가 서 있지 않을 가능성이 크다. 그러니 일단은 타석에 설 수밖에 없다.

또 하나, 아웃풋은 내가 모르는 나를 데려와준다. '조하리의 창 Johari Window' 이론이다. 조하리의 창이란 내가 보는 나와 다른 사람이 본 나의 인식 차이를 네 개의 창에 비유한 것으로, 자기 이해의 깊이를 더하는 사고방식이다.

· 개방의 창 – 자신도 알고 다른 사람도 알고 있는 자신
· 맹점의 창 – 자신은 모르지만, 다른 사람은 알고 있는 자신
· 비밀의 창 – 자신은 알고 있지만, 다른 사람은 모르는 자신
· 미지의 창 – 누구에게도 알려져 있지 않은 자신

아웃풋을 하면 지금까지 자신이 알지 못했던 특성이나 강점을 다른 사람이 알려준다. 이것은 자기 업의 '연결' 효과다. 맹점의 창이 열릴 것이다. Open the window!

▼ 자신이 보는 자신과 다른 사람이 보는 자신의 인식 차이

	자신이 알고 있다	자신이 모른다
다른 사람이 알고 있다	개방의 창 공개된 자신 open self	맹점의 창 자신자신은 모르지만 다른 사람은 알고 있는 자신 blind self
다른 사람이 모른다	비밀의 창 숨겨진 자신 hidden self	미지의 창 누구도 모르는 자신 unknown self

행동을 통해 극장과 상연 목록을 좁혀간다

아웃풋하는 시간은 무한하지 않다. 그러므로 시행착오를 거치면서도 다음과 같은 세 가지 조건을 만족시키는지 확인해서 조금씩 극장과 상연 목록을 좁혀나갈 필요가 있다.

① 어렵지 않게 할 수 있다(지속할 수 있다)

아웃풋의 가장 큰 적은 지속할 수 없다는 점이다. 바빠서, 소재가 없어서, 본업이 바빠서라는 이유로 습관이 되기 전에 모두 포기하게 된다.

아웃풋의 목적을 실현하려면 상응하는 시간을 투자해야 한다. 그래서 스케줄에 아웃풋하는 시간을 매일 넣고, 동료를 만들어 실행하고, 주위에 선언하는 등, 일단은 지속할 수 있는 구조를 만드는 것이 중요하다.

게다가 사용하기 어렵지 않은 플랫폼을 선택할 필요가 있다. 트위터는 매일 할 수 있지만, 블로그는 못 하겠다는 사람은 일단 트위터에서 어느 정도의 양을 소화해보자.

② 경험이 쌓인다(저장할 수 있다)

아웃풋한 것은 콘텐츠가 된다. 시작은 흘러가는 플로형도 좋지만, 결국은 축적되어 가는 저장형 플랫폼을 선택해나가는 것이 바람직

▼ 세 가지 조건을 만족시키는지 확인해보고 자신에게 맞는 아웃풋을 한다

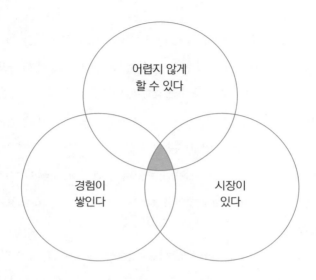

하다.

트위터는 흘러가기 때문에 축적되지 않지만, 블로그에 생각을 적어두면 저장할 수 있다. 참고로 인스타그램도 저장형이다. 왜냐하면 콘텐츠를 일괄적으로 볼 수 있기 때문이다. 플로형은 광고(신규 유입, 이벤트나 판매 광고)에 어울리고, 저장형은 상품에 어울린다. 플로와 저장을 잘 융합시킨 하이브리드형이 이상적일지도 모른다.

③ 시장이 있다

자기만족으로만 일기를 쓴다면 어디서 해도 상관없다. 그러나 어느 정도 사람을 모아 무언가를 하고 싶은 목적이 있다면 목적에 적합한 사람이 있는 장소=시장이 있는 곳에서 아웃풋을 할 필요가 있다. 고령자용 틀니를 팔고 싶다고 인스타그램에 틀니 게시물을 올려도 그곳에는 고령자가 별로 없으므로 소용이 없다.

아웃풋 너머에 있는 것

아웃풋은 굴러가기 시작하면 자신이 모르는 세계를 데려와준다. 자기 자랑 같지만, 나는 2018년에 아웃풋을 시작한 뒤로 취재 의뢰가 오고, 칼럼 연재를 시작했으며, 책을 두 권이나 냈고, 급기야 취미였던 요가가 일이 되기도 했다. 오로지 아웃풋을 통해 자기 이해가 깊어진 것과 시행착오 덕분이라고 생각한다.

아웃풋에 올바른 방법은 없다. 모두 최단 경로를 알고 싶어 하지만, 자신에게 잘 맞는 극장과 상연 목록을 찾아낼 수밖에 없다(알려주는 교재나 방법론은 그것을 판매하는 사람들의 극장이며, 어느새 아웃풋하려고 했던 본인이 관객석에 앉아 있게 된다).

아웃풋은 하느냐, 하지 않느냐, 그것뿐이다. 간단한 만큼 하지 않는 사람이 많고, 지속하지 못하는 사람이 많기 때문에 아웃풋에는 가치가 있다.

특히 40세의 벽을 앞에 두고 무엇부터 시작해야 할지 몰라 불안한 사람은 꼭 아웃풋을 해보기 바란다. 아웃풋 과정에서 얻은 것이 반드시 당신에게 자기 업의 힌트를 알려줄 것이다. 많은 사람을 상대로 하는 것이 좋다면 그것이 당신의 인생을 바꿔주기도 한다.

FIRE 대신
자기 업을 키운다

최근 미국에서 생겨난 FIRE Financial Independence Retire Early 라는 개념이 우리 주변에서도 유행하고 있다.

기존의 조기 퇴직은 한 번에 크게 얻은 자산으로 살아가는(사업 성공이나 유산 상속 등) 방식이었다면, FIRE는 젊은 시절 투자 원금을 만들어 운용 이익으로 생활하는 스타일이다.

원금 1억 엔을 만들어 연이율 4퍼센트로 운용하면 생활비는 400만 엔이 된다(세금 등의 계산은 생략). FIRE는 희망하는 라이프스타일에 따라 원금의 금액을 조정해서 실현할 수 있다(생활비를 낮추거나 이율을 올리는 등). 사업으로 크게 성공하기는 어렵지만 20~30대에 돈을 모아서 40세에서 50세 전후에 퇴직한다면 일반인도 달성할 수 있다고 해서 인기를 끌고 있다.

하지만 나는 FIRE를 권장하지 않는다. FIRE는 현재 하는 일이 싫고, 시간을 자유롭게 쓰고 싶어서 목표로 하는 것이다. 자산을 만들고, 일을 그만두고, 자유로운 시간이 충분한 상태는 언뜻 보기에 행복해 보인다. 하지만 일이 싫고, 시간을 자유롭게 쓸 수 없다는 문제의 해결법이 정말 FIRE일까?

'FIRE=행복'이 아니다

자신이 왜 일하기 싫은지, 왜 시간을 자유롭게 쓰고 싶은지 깊게 생각해보지 않으면 FIRE를 해도 허송세월하게 된다. 시간은 자유롭지만, 텔레비전만 보거나 절제하지 못하는 생활로 살이 찌는 등 인생의 만족도가 떨어질 수 있다(FIRE 했다가 건강을 해치거나 재취업하는 사람도 있다).

오히려 자신의 일을 좋아하는 사람은 FIRE를 목표로 하지 않는다. 좋아하는 일을 하면서 돈을 받고 살아가는 것이 행복하기 때문이다. 나는 FIRE를 목표로 하기보다 자기 업을 키우는 일, 그것을 위해 시행착오를 겪는 시간이 몇 배나 중요하다고 생각한다. 시행착오란 구체적으로는 다음과 같다.

· 일에 불만·불안이 있다면 그 이유를 찾는다.
· 작은 일부터 도전해서 자기 업의 씨앗을 찾는다.
· 자신이 통제권을 가질 수 있는 일이 무엇인지 생각한다.

그래서 40세의 벽을 뛰어넘기 위해 안식 휴가를 가는 것을 추천한다.

안식 휴가란

안식 휴가란 사용 용도를 정하지 않는 휴가를 말한다. 이 제도를 도입하는 기업도 있기 때문에 들어본 사람도 있을 것이다. 일반적인 안식 휴가는 대개 다음과 같이 정의된다.

① 이유(간호, 해외 주재 동반, 진학 등)가 있는 직원에게 장기 휴가를 주는 제도
② 장기 근속자에게 휴가 사유와 관계없이 주어지는 일정 기간의 장기 휴가

2021년 4월에 일본의 항공사 전일본공수ANA가 사유를 불문하고 최대 2년간 휴직할 수 있는 안식 휴가 제도를 도입해 언론에 대서 특필된 적이 있다. 휴가 중에는 기본적으로 무급이지만, 용도를 불문한 수개월에서 연 단위의 휴가는 사회인에게 커다란 매력일 수밖에 없다. 유급휴가는 연간 20~40일 정도이므로 기간이 짧다.
기업이 이를 도입하는 이유는 이점이 있어서다. 예를 들어 맞벌

이 부부 중 한 명이 해외 주재가 되는 경우 다른 한 명의 동반 여부가 문제가 된다. 그때 안식 휴가 제도가 있는 기업은 우수한 인재를 잃을 리스크를 피할 수 있다. 또한 안식 휴가를 이용해 대학원에 진학한 사람이 배운 것을 업무에 살린다면 그것도 기업에 큰 이점이 된다.

내가 몸담고 있던 회사에도 안식 휴가가 있었지만, 본인의 유학이나 자녀의 질병 혹은 간호, 배우자의 해외 주재 동반이라는 이유로만 인정을 받을 수 있었다. 내 경우 40세의 벽, 자기 업을 키우는 것이 이유였기 때문에 퇴사하고 자체적으로 안식 휴가를 얻었다.

내가 정의하는 안식 휴가의 조건은 어디까지나 사용 용도를 정하지 않아도 되는 것이다. 자기 업을 모색하고 시행착오를 겪기 위한 휴가다.

이것이 프리랜서와 뭐가 다른지 궁금하겠지만, 프리랜서의 정의는 '특정 기업이나 단체, 조직에 소속되지 않고 업무를 위탁받아 자신의 기능을 제공하는 사회적으로 독립한 개인사업자'이기 때문에 애초에 제공할 기능이 없던 나는 프리랜서가 아니었다.

자체적인 안식 휴가를 얻은 직후 두 달 정도는 중소기업 지원 단체의 스터디그룹에 나가거나 세미나에 참가하거나 나에게 어떤 일이 맞는지 모색하면서 조금씩 시도해보았다. 이 과정은 수입을 얻기 위해서 한다기보다 나에게 무엇이 맞는지 자기 탐구하는 느낌이었다.

나에게 안식 휴가는 나만이 할 수 있는 일의 씨앗을 스스로 찾아내는 기간이며, 이런저런 일을 다각도로 모색해본 기간이었다. 안식 휴가 중에 여러모로 시도해본 결과, 현재는 다수의 자기 업이 수입의 기둥이 되고 있다(안식 휴가 중의 시행착오에 대해서는 5장에서 전달하겠다).

다시 말하지만, 자기 업은 돈, 연결, 건강의 세 가지 요소를 충족시키는 일이다.

[예: 나의 경우]

· 돈→정보 전달Voicy, 글쓰기note(잡지 연재, 서적), 물건 판매, 부동산 임대업

· 연결→정보 전달, 글쓰기, 강사, 요가

· 건강→요가, 강사

일을 관두고 쉴 수 없다고 생각하는 사람도 있을 것이다. 그렇다면 장기 휴가 때는 어떤가? 주말은 어떤가? 하루 중에 안식 휴가의 시간을 마련해보는 것은 어떨까?

어떤 스타일이든 좋으니 자기 나름대로 용도를 정하지 않는 휴가 시간을 내보자. 그리고 자기만의 시행착오를 겪어본다. 그냥 쉬는 것이 아니라 시간에 이름을 지어 관점을 바꿔본다. 그러면 40세의 벽도 다르게 보일 수 있다.

FIRE보다 안식 휴가가 더 재미있고, 자기 업을 키우면 인생의 후반전이 더 즐거워진다. 실제로 겪으면서 나는 그렇게 느꼈다.

4장

40세의 벽을
뛰어넘는
자기 업 키우기
_실천

경비를 통해 생각하는
자기 업 찾기

지금부터는 자신에게 맞는 자기 업을 구체적으로 어떻게 키울 것인지 전달하고자 한다.

마흔 즈음이 되면 지금까지 쌓은 경력을 통해 어느 정도 일하는 방식이나 지식을 가지고 있을 것이다. 그것을 살리면서 자기 업의 씨앗을 찾아 키워나가는 것이 이상적이다. 이번 장에서는 그 새로운 힌트로 구체적인 아이디어를 전달하겠다. 이것을 전부 해보라는 뜻은 아니다. 자신의 40세의 벽 앞에 나열해놓고, 쓸 만한 것을 시도해보자.

스스로 비즈니스를 조직한다고 하면 무심코 '어떻게 돈을 벌 것인가?'라는 점에 눈이 가기 쉽지만, 여기에서는 얻는 돈이 아니라 나가는 돈, 즉 '경비'를 통해 자신에게 딱 맞는 자기 업의 씨앗을 생각해보겠다.

경비는 사업을 하고 수입을 얻기 위해 쓰는 비용이다. 개인적으로 일하고 있다면 모르겠지만, 회사에 다니는 사람은 경비라는 말에 부정적인 이미지를 가지고 있지 않을까? 청구서를 내고 지급받거나 자신의 출장 여비를 정산하거나 상사에게 경비를 승인받을 날짜를 신경 써야 하기 때문이다. 처리 과정이 여간 성가시지 않다.

나 역시 그랬다. '경비? 정산 처리도 승인도 귀찮아!'라고 계속 생각했다(매니저일 때 멤버 12명의 경비를 승인했던 적이 있는데, 한 건씩 일일이 보고 있자니 미칠 것 같아서 "너희를 믿는다!" 하고 엔터키를 누른 적도 있다. 시효가 지났으니 용서하기를 바란다).

동기들이 크게 대납을 했을 때 "빨리 경비 정산을 하지 않으면 카드값이 계좌에서 빠져나가지 못해!"라며 당황하는 것을 보고 '왜 개인이 대납을 하지? 사전 신청이나 청구서 지불로 하지. 회사가 내야 할 돈인데'라고 생각했다. 경비는 회사의 돈으로 개인과는 상관없다고 생각했다.

경비는 수입을 얻기 위해 쓰는 비용

그런 생각을 지닌 채 독립했기 때문에 한동안 경비로 정산할 수 있는 것을 착각하고 있었다. 조금이라도 '개인적으로도 사용하는 거니까'라고 생각되는 것은 전부 개인적으로 지불했다. 업무에서 주로 사용하는 요가복, 문구류, 간단한 선물도 모두 자기 부담으로 지불했다.

나중에 세무사에게 경비가 너무 적다고 지적받아서 그런 항목을 경비로 정산했어야 했다는 사실을 알았다. 헷갈리는 것은 업무와 사적으로 사용하는 비율로 구분하면 되는 것이었다.

나처럼 직장인이었다가 독립한 사람은 경비란 업무와 관련된 지출이며, 사업 수입을 늘리기 위한 것이라고 알고는 있지만, 그 효과나 혜택을 정말 이해하는 사람이 많지 않을 것이다.

실제로 경비로 할 수 있는 것을 구분하자 지금까지 개인이 지불하던 것, 예를 들어 책값이나 요가 세미나 비용, 컴퓨터나 소도구 같은 콘텐츠 제작에 관련된 것이 모두 경비로 처리되었다. 책을 읽고 요가를 배운다는 행동은 직장인 시절과 달라진 것이 없는데 돈의 흐름이 바뀐 것이다.

· 회사원 – 그저 자기만족이므로 모두 개인 지출
· 현재 – 매출을 창출하는 원천이므로 모두 경비

당연한 일인데, 영향이 굉장히 크다. 요즘에는 개인적으로 돈을 늘리고 싶고, 부업으로 하고 싶어 하는 사람이 아주 많다. 이럴 때 지출을 경비로 할 수 있는 일, 즉 책값을 벌기 위해서 일을 하는 것이 아니라, 책값을 경비로 할 수 있는 일을 생각하는 사고법을 가질 수 있다면 입구(수입)와 출구(지출) 양쪽의 통제권을 손에 넣을 수 있다. 나는 이것을 늦게나마 경비 처리를 하면서 깨달았다.

좋아하는 일을 분해해서 자기 업으로 바꾼다

그렇다면 지출을 경비로 하려면 어떤 자기 업을 해야 좋을까?

나는 단순하게 좋아서 하던 요가를 가르치는 것이 자기 업이 되었다. 좋아서 하던 독서도 읽는 책을 자료로 삼아 콘텐츠를 만드는 (음성, 문장) 자기 업이 되었다. 이처럼 개인적으로 크게 지출하는 일(내 경우 요가나 책)이 본인이 좋아하는 일이다. 즉 좋아하는 것을 자기 업으로 만들 방법을 생각하는 것이 쉽다. 부탁을 받지도 않았는데 돈과 시간을 쓰는 일이 자기 업의 씨앗이다.

어떻게 좋아하는 것을 자기 업으로 만들 수 있을까? 이를 생각할 때는 구체적, 추상적인 요인을 오가며 좋아하는 일을 분해할 필요가 있다.

예를 들어 축구를 좋아하고, 축구에 관한 지출(관전 티켓, 굿즈, 의류, 배우기, 트레이닝 등)이 많다고 하자. 이것을 자기 업으로 하고, 지출을 경비로 처리하고 싶다. 단순히 '축구를 가르치면 좋겠다'라고 생각하는 사람도 있고, '다른 사람에게 가르치는 것은 다른 문제야'라고 생각하는 사람도 있을 것이다. 축구가 좋아서(추상적)=축구 지도(구체적)밖에 떠오르지 않으면 자기 업의 씨앗이 보이지 않는다.

그래서 '축구가 좋다'의 구성 요소를 분해(구체화)해보자. 공 차는 것을 좋아한다, 팀원들과 이야기하는 것을 좋아한다, 이기는 것을 좋아한다, 연습으로 실력이 향상되는 것을 좋아한다, 시합을 좋아한다, 배우는 것을 좋아한다, 축구를 보는 것을 좋아한다⋯⋯. 어떤 것이 자신이 좋아하는 일의 본질일까?

예를 들어 '축구가 좋다'를 분해했더니 '축구를 배우는 것이 좋다'고 해보자. 더 자세히 생각해보니 '축구에 대한 지식이 늘어나는 것이 즐겁다. 학습 욕구가 충족되기 때문'이라고 깨달았다고 해보자.

그렇다면 축구 지식을 늘릴 수 있는 축구 취재를 하거나 축구팀의 정보를 모아 분석하는 일이 더 맞을지도 모른다. 거기에 지금까지 사회인으로 쌓은 경험이나 기술, 지속하기 위한 시간과 구조를 더해 생각해본다.

직장에서 분석해본 경험이 많다면 분석하거나 데이터를 정리하는 것은 힘들지 않을 것이다. 그렇다면 축구팀별로 분석해서 블로그에 올리고 제휴마케팅을 해보거나 축구 애호가들이 모이는 커뮤니티를 만들어보는 등 다양한 방식으로 생각해볼 수 있다. 물론 잘 될 수도 있고 안 될 수도 있지만, 작은 행동을 반복하고, 수정하면서 구조를 만들어가면 된다.

예를 들어 나는 처음에 블로그 집필을 자기 업으로 하기 위해 게시물 100개를 열심히 썼다. 수익은 매달 2~3만 엔, 그 이후로는 가사와 육아, 일이 바빠서 글을 쓸 시간을 내지 못했더니 수익이 더이상 늘지 않았다. 그 상태에서는 매달 내는 책값도 빠듯했다.

그런데 같은 내용을 쓰기(블로그)에서 말하기(음성 발신)로 바꾸면서 큰 변화가 있었다. 나는 쓰는 것보다 말하는 것이 훨씬 효율적으로 할 수 있는 일이었다. 직장에서 프레젠테이션 기회가 많아서 음성 입력을 많이 했던 것이 요인이라고 생각된다.

그래서 글쓰기로는 좀처럼 수익화가 되지 않았는데, 말하기로 바꾸니 콘텐츠의 양도 수익도 늘어났다. 책값 회수가 블로그를 쓸 때보다 훨씬 빨랐고, 내가 받는 부담도 줄었다. 이렇게 자신에게 맞는 부분을 조금씩 찾아가면 된다.

지출을 경비로 처리할 수 있는 자기 업을 생각한다

지출을 경비로 할 수 있는 자기 업이 무엇인지 구체적으로 생각해보자.

나는 책값을 얻기 위해 아웃풋을 시작했기 때문에 책을 예로 들겠다. 여기에서 책을 당신이 돈을 쓰는 대상으로 바꿔서 생각해보자.

[예]

책을 연간 300권 산다(대강 계산하면 1,500엔×300권=45만 엔). 연간 45

만 엔의 책값을 경비로 처리할 수 있는 비즈니스 모델을 생각한다. 즉 45만 엔 이상의 매출을 올리는 일. 극단적으로 말하자면 45만 엔의 매출이 있고, 45만 엔의 경비가 들면 0엔에 책을 읽는 것과 같다. 직장인 중에서 "○○값이 꽤 들어가는데(본업을 그만둘 생각은 없다)"라는 사람에게 추천한다.

콘텐츠나 상품으로 만드는 방법 ① 간접 과금

책 리뷰를 제공해서 간접 과금으로 수입을 얻는 방법이다. 구체적인 방법은 블로그, note, YouTube, SNS 등에서 서적의 제휴마케팅 링크를 붙이는 것이다. 필요한 것은 PV(페이지뷰, 사용자가 사이트 내의 웹페이지를 열람한 횟수-역주) 수와 팔로워 수다. 수익을 발생시키려면 45만 엔÷12개월=3만 7,500엔/월의 제휴마케팅 보수가 필요하다.

내가 체감해보니 권당 1,000엔 정도의 책은 소개한 후에 50권이 팔리면 3,000엔 정도의 매출이 나왔다. 한 달에 12권의 책을 소개하고 평균 50권씩 팔리면 달성되는 수치다. 계속 하다 보면 과거 게시물을 통해서도 판매가 되기 때문에 매달 12권을 신규로 소개하지 않아도 된다. 나는 블로그 PV수 3만 PV/월(매일 1,000명이 보는 정도)부터 달성했으니 그리 어렵지 않을 것이다.

이용하는 플랫폼에서 서적 소개 게시물의 조회수가 어느 정도 나오면 저절로 팔리기 때문에 직장인의 자기 업에 적합하다. 제휴마케팅을 어려워하는 사람이 많은데, 월 3~5만 엔 정도는 손에 넣을 수 있다. 다만 성과가 나오기까지 반년에서 1년은 걸리기 때문에 상당수가 지속하지 못하고 중도에 포기한다. 블로그나 SNS를 꾸준히 이어나갈 힘이 필요하다.

계속 게시물을 올려도 생각보다 반응이 없다면 몇 개월 만에 관두냐고 물어보는 사람이 많은데, 그런 사람은 솔직히 적합하지 않다고 생각한다. 소소한 콘텐츠를 제작하는 것은 맞지 않으니 좋아하는 일을 한 번 더 분해해보도록 하자. 어떤 책이 좋았는지, 어느 부분에서 감동을 받았는지 다른 사람들에게 전달하고 싶은 마음으로 시작하는 사람에게 더 적합하다.

콘텐츠나 상품으로 하는 방법② 직접 과금

서비스나 콘텐츠를 만들어 직접 과금으로 수입을 얻는 방법이다. 의뢰를 받고 책을 골라주거나 다른 사람에게 선물할 책을 골라주는 일, 책 쓰기(전자책 자비출판, 상업출판), 독서와 관련된 강좌 진행 등이 있다. 제휴마케팅처럼 100엔씩 야금야금 모으는 것이 아니라 단가를 올릴 수 있어 매달 3만 7,500엔을 달성하기 쉽다. 도전하기 쉬운 것은 강사 일이나 콘텐츠의 직접 판매다. 모임 운영을 하는 사람도 있다.

[예]
· 좋아하는 일(경비로 처리하고 싶은 일)을 가르친다(요가강사 같은 강사 일).
· 좋아하는 일을 바탕으로 서비스를 만든다(화장품을 좋아한다면 동행해서

화장품을 골라주는 일 등).

· 좋아하는 일의 커뮤니티를 만든다(장난감 동호회, 월회비 1,000엔으로 37
명을 모은다).

다만 상대가 구매할 마음이 들게 하는 것은 장벽이 좀 높다. 구매자
가 보기에 전문성이 있는지, 믿을 수 있는지를 먼저 해결하지 않으면
고객을 충분히 모으기 어렵다(그래서 자신의 자질을 미리 알리기 위해 활
동하는 사람이나 가게가 많다). 판매 라인(인지→행동→구매→이용→재구
매, 팬이 됨)을 생각하는 일이나 상품 기획, 개발, 판매, 광고, 관리 등의
세세한 작업이 어렵지 않은 사람에게 적합하다고 할 수 있다.

바람직한 자기 업 사이클을 만든다

책값을 벌기 위해 자기 업을 하는 것이 아니라 책값을 경비로 처
리할 수 있는 자기 업을 생각한다는 사고법을 갖는다. 그러면 수입
의 기둥을 구성하기 쉬워진다.

· 본업 – 회사원
· 자기 업 ① – 취미에 쓰던 비용을 투자해서 시행착오를 겪는다.
· 자기 업 ② – 취미나 좋아하는 일을 경비로 처리할 수 있는 일(수

익이 0엔이라도 힘들지 않다.)

 나의 직장인 시절을 예로 들면 다음과 같다.

 · 본업 – 회사원
 · 자기 업 ① – (당시에는) 1엔도 못 버는 음성 전달(소재 발굴은 ②의 책값), 요가(강좌 수강 등. 책값이 들지 않는 만큼 투자할 수 있었다.)
 · 자기 업 ② – 책값이 경비가 되는 블로그 제휴마케팅이나 note 집필

 결과적으로 자기 업 ② 덕분에 1엔도 안 되는 자기 업 ①에 투자를 할 수 있었고, 현재는 ①도 수익화되어 있다. 그러면 ①에서도 경비를 사용할 수 있으므로(요가나 소도구 종류도 콘텐츠 제작으로 이어지기 때문에 경비가 된다) 다음에 자기 업 ③(새로운 서비스의 개발이나 작업 외주)에 투자할 수 있는 사이클이 돌아갈 수 있다.
 이와 같이 지출을 경비로 처리한다는 발상으로 금전적으로 부담이 없는 좋은 순환이 생긴다(다만 뭐든지 경비로 처리할 수 있는 것은 아니므로 세무사에게 상담은 필요하다). 당신도 좋아하는 일에 들어가는 지출을 경비로 처리할 수 있는 자기 업을 생각해보자. 흥미로운 씨앗이 잠들어 있을지도 모른다.

매달 10만 엔이 되는
자기 업의 씨앗 찾기

2장에서 말했듯이 40세의 벽을 뛰어넘고 난 뒤의 경력에는 돈, 연결, 건강이라는 세 가지 요소가 필요하다. 이 세 가지가 인간이 행복을 느끼는 토대가 되기 때문이다.

오래 살기 위해서는 돈 말고도 건강이라는 토대를 갖춰야 행복할 수 있다. 또 인생이 70세 정도에 끝나던 시대에는 직장이나 지역이 사람을 연결해주었지만, 100세 시대가 되자 직장이나 지역의 연결만으로는 부족하기 때문에 다른 사람과의 연결을 만드는 능력이 중시된다.

개인적으로는 현역 시절 열심히 노후자금을 모아 정년 이후를 버티는 것보다 매년 120만 엔을 어떻게 80세까지 벌 수 있을지 설계하는 편이 훨씬 행복하다고 생각한다. 그쪽이 돈, 연결, 건강 세 가지를 충족시킬 가능성이 크기 때문이다.

돈과 시간을 소비해온 일이 씨앗

여기에서 당신은 자신에게 돈, 연결, 건강을 충족시키는, 매달 10만 엔을 받을 수 있는 일이 무엇인지 궁금할 것이다. 우선 10만 엔이 될 만한 씨앗 찾기부터 시작하자.

종이나 노트를 준비해서 자신이 지금까지 돈과 시간을 많이 써온 일을 써보자. 일이든 개인적인 것이든 상관없다. 돈이나 시간을 쓴 일은 분명 당신이 좋아하는 일이다. 영어, 댄스, 독서, 그림, 여행, 경리, 영업, 사무……. 스스로 깨닫지 못하는 사이에 지식, 경험, 노하우가 쌓여 있을 것이다.

요령은 "이것이 자기 업이 될까? 돈이 될까?"라는 관점을 버리는 것이다. 자기 업이 될지 안 될지는 본인이 아니라 시장이 결정하기 때문이다(다음에서 설명하겠다). 전혀 떠오르지 않는 사람은 다른 사람이 잘한다고 말해준 것(그림을 잘 그린다, 옷 입는 센스가 좋다, 컴퓨터 입력이 빠르다, 실수를 빠르게 발견한다, 프레젠테이션에서 말을 잘한다 등)을 떠올려 써보자.

씨앗이 돈이 되는지 조사한다

다음으로, 찾아낸 씨앗이 꽃이 될 가능성이 있는지 조사한다. 돈을 벌 수 있는 일이 되는지 시장조사하는 것이다.

예를 들어 취미는 아무것도 없지만, 경리는 본업으로 15년 해왔다는 사람이 있다. '돈 계산은 힘들지 않고 기초지식도 있지만, 창업하기에는 힘들지도 몰라'라고 생각한다. 그럴 때는 인터넷에서 '경리 개인용 서비스'라는 키워드를 검색해본다.

검색 결과에 따라 '아, 이런 검색 니즈가 있구나. 아! 방과 후 데이 서비스는 돌봄교육이구나. 초등학생 돌봄교육의 경리는 전문가가 들어가 있을까? 민간은 어떻게 되어 있을까?'라고 알아보거나 '앞으로 맞벌이가 점점 늘어나니까 규모가 작은 민간 돌봄 서비스가 늘어날 수도 있어. 외주로 경리를 맡으면 일이 될지도 몰라'라고 생각할 수 있다.

게다가 방과 후 아동 돌보미 자격, 민간에서 자주 사용되는 경리 시스템, 돌봄교육 경리의 불만, 곤란한 점 등을 더 조사해서 자신의 '시간과 돈을 쓴 일'에 추가해야 할 기술이 있다면 더할 방법을 생각한다.

이때 돈을 크게 벌 만한 비즈니스 모델이 없다고 해서 당장 컴퓨터를 끄지 않도록 한다. 큰 사업을 만드는 것이 아니라 매달 10만 엔, 1인당 5,000엔을 지불해주는 사람이 20명 있으면 되는 비즈니스 모델을 찾는 것이다. 1인당 1,000엔이면 100명, 1만 엔이면 10명, 5만 엔이면 2명이 되는 스몰 비즈니스다.

▼ 돈을 벌 수 있는 일이 되는지 시장조사를 한다

경리 개인용 서비스에 관련된 검색
경리 서비스 주식회사 지가사키
경리 서비스 주식회사
클라우드 서비스 경리 처리
주식회사 일본 경리 서비스
직원 서비스 경리
데이서비스 경리
셰어드 서비스 경리
방과 후 데이 서비스 경리

씨앗을 여러 개 찾아두면 꽃이 될 확률이 올라간다

이렇게 씨앗이 꽃이 되는 포인트를 찾고 있지만, 모든 씨앗이 무조건 꽃을 피우는 것은 아니다. 현재 본업이 있는 사람은 지금부터 다수의 씨앗을 찾아서 그 씨앗을 길러보자.

· 씨앗에 물을 주거나 비료를 더한다 - 추가로 가지고 있으면 좋을 만한 기술이나 경험을 생각해서 자격증을 취득한다. 기술이나 경험으로 이어질 만한 프로젝트가 있으면 무급이라도 좋으니 참여한다.

· 씨앗을 솎아낸다 - 조금 해보고 돈, 연결, 건강 세 가지를 충족시키지 않는 것은 제외한다. 건강을 해치는 고독한 작업 등 조건에 맞지 않는 것은 중단한다.

이렇게 씨앗을 조금씩 키운다. 그러면 노후뿐 아니라 자녀가 학교에 가지 못할 때, 배우자의 전근 등으로 일하는 방식 자체를 재검토할 타이밍이 왔을 때, 얼마 전의 코로나 사태처럼 생각이나 환경이 크게 달라졌을 때 꽃피울 수 있을지도 모른다.

누구나 씨앗을 가지고 있다

여기까지 설명해도 본인에게 씨앗이 없다고 말하는 사람이 있다. 하지만 없을 리가 없으므로 안심하자. 그것은 씨앗을 언어화하지 못했을 뿐이다. 아니면 자기 분석이 안 되었을 뿐이다. 자신에게 씨앗이 없다고 생각해 찾지 않았을 뿐이다.

그럴 때는 친구나 제삼자의 도움을 받자. "나한테 이렇게 질문해 줘. 지금까지 돈과 시간을 가장 많이 쓴 일은?"이라고 부탁해본다. 사람은 질문을 받으면 대답하기 위해 뇌가 반응한다. 게다가 다른 사람이 물어보면 상대가 알 수 있도록 언어화하려고 한다.

혼자서 고민하기보다 다른 사람의 힘을 빌려보자.

"○○에 돈을 썼다고 하지만, ××에도 잘 쓰지 않아?"

"□□를 잘 아니까 거기에 시간을 많이 투자하는 줄 알았어."

그러면 이런 식으로 스스로는 보지 못했던 모습을 가르쳐주기도 한다.

참고로 내가 돈과 시간을 쓴 것은 독서, 요가, 시간술과 효율화의 지혜였다. 일에서는 전근 횟수가 많고, 여러 부서에서 여러 가지 일을 했으며, 관리직 경험이 있다. 나는 깨닫지 못했는데 다른 사람들이 프레젠테이션 기술이 좋고, 말투가 논리적이며, 목소리가 좋다고 해주었다. 그래서 씨앗과 의견을 조합해 음성으로 정보를 전달하는 기술을 조금씩 발전시키고 있다. 돈, 연결, 건강이 겹치는 부분을 생각하면서 조금씩 하고 있다. 이것들이 언젠가 꽃이 된다면 좋겠다.

당신에게도 씨앗이 있다. 지금부터 매달 10만 엔의 꽃이 될 씨앗을 찾아 키워보지 않겠는가? 언젠가 그것이 돈, 연결, 건강을 가진 경력으로 연결되어 행복을 가져다줄 것이다.

꽃이 피면 꼭 알려주기 바란다. 기대하고 있겠다.

자신을 주어로 해서 만드는
자기 업 ① 고객 만들기

나는 겸업농가처럼 수입의 기둥을 여러 개 가지는 스타일을 목표로 하고 있다. 아직까지는 크게 실패하지 않았기 때문에(크게 성공한 것이 아니라 크게 실패하지 않았다는 것이 중요하다) 자기 업을 시작하려고 하거나 시작했지만 잘되지 않는 사람을 대상으로 자기 업을 만들어가는 데에 중요한 것을 정리해보겠다.

그럼 퀴즈를 내보겠다. 자기 업을 시작할 때 가장 중요한 것은 무엇일까? 바로 자기 업을 지속할 수 있느냐의 문제다. 아무리 돈이 잘 벌리는 일도 본인이 하기 싫으면 그만이다. 판매자가 본인 한 명밖에 없으므로 지속하지 않으면 사업이 사라진다. 그래서 주어를 고객이 아니라 자신으로 해서 하고 싶은 일, 괴롭지 않은 일로 해야 한다.

그렇다면 다음 질문을 해보겠다. 일에서 가장 스트레스가 되는 요인은 무엇일까? 답은 인간관계다. 인간관계에서 스트레스를 받지 않는 것이 사업을 지속하기 위해 중요하다고 한다. 그래서 자신이 만나고 싶은 사람을 고객으로 만들고, 자신과 맞지 않는 사람은 다가오지 않도록 자기 업을 구성한다.

고객이 아닌 자신을 주어로 한다

무언가를 판매할 때 많은 비즈니스 서적은 고객을 주어로 해서 이야기가 전개된다. 하지만 혼자서 일을 만드는 경우, 고객을 주어로 하면 잘되지 않는다. 그러면 어떻게 해야 할까? 답은 자신을 주어로 하는 것이다.

· 주어가 고객 – 고객이 무엇을 원하는지 묻고, 그것에 맞춘다.
· 주어가 자신 – 자신이 어떻게 하고 싶은지 명확히 하고, 서비스를 설계한다.

고객을 기쁘게 하기 위한 일은 많이 있다. 하지만 혼자 시작하는 경우 그것을 다 하다 보면 매출은 올라도 자꾸 부담이 증가해서 비즈니스 자체를 지속할 수 없다. 게다가 고객이 자신과 맞지 않으면 판매할 마음도, 일에 대한 고민도 관리도 하기 싫어져서 스트레스가 된다.

유명한 피부 관리실 주인에게 "시술은 즐겁지만 고객 응대에 지쳐 현재는 시술을 하지 않는다"라는 이야기를 들은 적이 있다. 주인이라면 그렇게 해도 문제없을지 모르지만, 그 위치에 도달하기까지의 길은 꽤 험난하다. 그래서 먼저 자신을 주어로 생각해보기를 권한다.

흔히 이야기하는 페르소나(고객상) 만드는 법은 나에게 와 닿지 않았다. 확실히 페르소나가 되는 사람은 '곤란한 것=불만, 불안, 불편'이 있을 것이다. 하지만 그 사람의 불만을 해결하는 일에 나는 기쁨을 느끼지 못한다. "음성 콘텐츠를 만들고 싶은 사람에게 컨설팅을 해주면 돈을 벌 수 있어요"라는 말을 들어도 하지 않았다. 페르소나는 분명하지만, 내가 하고 싶은 마음이 들지 않아서 하지 않았다.

자신을 주어로 하면 고객상으로 같이 있고 싶은 사람, 스트레스 없이 계속 만날 수 있는 사람이 떠오른다. 고객이 주어인 페르소나가 아니라 자신이 주어인 페르소나를 생각하는 것이 중요하다.

어떻게 고객=만나고 싶은 사람을 찾을 수 있을까?

다음 두 가지 질문에 답해보자. 이미지가 떠오르기 쉽도록 나의 답을 예로 들어두겠다.

[나는 어떤 사람과 함께 있고 싶은가?]

· 자율, 자립하고 있는 사람(다른 사람에게 의존하지 않음.)

· 스스로 시도하는 사람(할 수 없다고 하지 않고, 어떻게 하면 할 수 있을지를 생각한다.)

· 변화를 두려워하지 않는 사람(도전하려는 마음이 강하다.)

· 갑자기 화내지 않는 사람(감정을 잘 조절한다.)

· 일하고 있는 사람(경제적으로 자립을 하고 있다.)

· 배우자의 허락이 필요 없는 사람(자신의 행동에 타인의 허가가 필요한 사람은 힘들다.)

· 까다롭지 않은 사람(정확히 말하면 까다롭게 보는 포인트가 맞는 사람)

이렇게 열거하다 보면 자신이 어떤 사람을 좋아하는지 알 수 있다. 그러나 이것만으로는 성립하지 않기 때문에 비즈니스적 관점도 넣어간다.

[나는 어떤 사람을 고객으로 삼고 싶은가?]

· 자신의 수입이 있는 사람(자신의 돈에 대한 통제권이 있는 사람)

· 자기 투자 의욕이 있는 사람(자신을 위해 돈을 쓸 의욕이 있는 사람)

· 생활비 외에 즐기는 데에 쓸 예산이 있는 사람(생활비를 쥐어짜면 본래의 생활을 압박하기 때문에 좋지 않다.)

이 두 개의 대답을 겹쳐보면 자립하고 있고, 경험이나 배움에 돈을 투자할 의욕이 있는 사람이 떠오른다.

"엇, 이거 나잖아."

그렇다. 결국 나는 본인과 같은 사람을 함께 있고 싶은 사람(=자신이 주어인 페르소나)으로 생각한 것이다. 나처럼 배우고 싶고, 변화하고 싶어서 행동하는 나와 비슷한 사람에게 무언가를 제공하고 싶었다.

[나의 결론]

페르소나는 얼마 전의 자신(지금의 자신이 알고 있는 것을 모르는 얼마 전의 자신)

자신이 주어인 페르소나가 명확한 경우, 자신의 상품이나 서비스를 소개할 때 "○○한 사람에게 도움이 된다"라고 명시할 수 있다. 동시에 "○○한 사람에게는 맞지 않습니다"라고 쓰기도 쉬워진다. 전달하는 메시지가 흔들리지 않으면 맞지 않는 사람은 다가오지 않고, 다가왔다고 해도 멀리할 기준이 명확해진다. 그러면 상품이나 서비스를 팔지 않거나 거절하는 등의 대처를 할 수 있다.

내가 하는 요가(포스팜)는 타깃을 명확히 하고 있어서(30~40대 여성. 바쁜 일상에서 조금이라도 자신을 위해 좋은 습관을 갖고 싶은 사람) 서비스 구매자의 클레임이 적은 편이다.

당신도 자신이 주어인 페르소나로 떠오르는 사람을 써보자.

· 어떤 사람과 함께 있고 싶은가?
· 어떤 사람을 고객으로 삼고 싶은가?

양쪽의 대답을 모두 충족시키는 사람이 곧 자기 업의 페르소나다. 이런 사람을 상대하는 비즈니스를 생각하는 것이 바람직하다. 그 사람이 당신에게 편안하고 스트레스가 없는 사람이기 때문이다. 그러면 지속할 수 있는 확률이 높아진다.

대기업처럼 많은 사람을 상대로 대규모 이익을 내는 비즈니스를 하고 싶은 것이 아니다. 그렇기 때문에 본인이 스트레스를 받지 않는 고객상을 명확히 하는 것이 정말 중요하다.

자신을 주어로 해서 만드는
자기 업 ② 구성

만나고 싶은 고객이 정해졌다면 다음에는 무엇을 어떻게 팔 것인지 구성한다. 고객에게 무엇을 제공해 자기 업으로 해나갈지 생각한다. 이미 자기 업의 씨앗은 가지고 있다는 전제하에 진행하겠다. 어렵게 생각하지 않아도 된다. 앞으로 전달하는 것을 읽고 나면 아이디어가 떠오를 가능성이 크다. 어떤 것도 보는 관점에 따라 상품이 된다.

사람은 변화에 돈을 낸다. 비즈니스는 페인(불만의 해소)이나 게인(플러스알파)으로 성립한다고 하지만, 어느 쪽도 변화인 것에는 변함이 없다. 당신은 어떤 변화의 계기가 될 것인가? 그것이 상품이다. 예를 들어 유명 헬스클럽 라이잡Rizap의 경우 3개월 후에 살을 뺀 자신을 만날 수 있다는 변화를 상품으로 내걸고 있다.

참고로 내가 하고 있는 요가는 변화가 극적으로 나타나지 않는 분야다. 예를 들어 지역 문화센터에서 개최하는 요가 교실에 참여한다고 하자. 가깝고 저렴해서 참여하는 사람이 많을 것이다(지역 문화센터의 성격상, 단가를 올릴 수 없고, 참가자도 인근 주민에 국한된다). 이루고 싶은 변화는 살을 빼고 싶은 사람, 다른 사람과 이야기하고 싶은 사람, 운동 습관을 기르고 싶은 사람 등 제각각이다. 강사 본인조차 어떤 변화를 제공할 수 있는지 알지 못할 수도 있다.

즉 변화가 잘 보이지 않는다→단가를 올리기 어렵다. 반대로 고객에게 제공할 수 있는 변화가 뚜렷하면 단가를 올릴 수 있다.

고객이 만족하는 변화란?

앞에서도 설명했듯이 변화의 정의가 모호할수록 단가는 오르지 않는다. 단순히 돈벌이가 목적이라면 변화의 정의가 뚜렷한 고단가 업계로 가는 것이 가장 좋다. 취직하고 똑같다.

몸매 가꾸기나 트레이닝은 요가와 비슷한 것을 해도 단가가 전혀 다르다. 같은 한 시간이라도 1만 엔 정도 가격이 비싸다. 왜 그럴까?

요가를 했을 때보다 뚜렷한 변화를 맛볼 수 있어서다. 그리고 그 변화는 '살을 빼고 싶다, 인기가 많아지고 싶다, 예뻐지고 싶다' 등 사람의 욕심을 담고 있다. '변화+사람의 욕심'을 파악하면 단가가 오르고, 무엇보다 판매가 쉬워진다. 같은 요가라도 강사 교육 가격이 비싼 것은 40만 엔을 내면 선생이 될 수 있다는 변화+(선생님이 되어) 돈을 벌 수 있다는 변화가 명확하기 때문이다.

즉 변화를 명확하게 한 뒤에 한층 더 플러스가 되는 요소(사람의 욕심, 돈벌이 등)를 더하면 단가가 올라서 팔기 쉬워진다.

어떻게 변화를 상품화할 것인가?

상품을 통해 당신이 제공할 수 있는 변화는 무엇일까?

[예]

요가라면 어떤 요가를 말하는가? 자기 조절력을 높일 수 있는 셀프 관리 요가일까? 자신을 돌볼 시간이 없는 사람도 계속할 수 있는 아침 요가를 할까? 온라인이라면 지속할 수 있을까? 예약이 없는 편이 낫겠지. 매일은 힘드니까 주 3회 정도……. 이렇게 내가 완성한 상품이 '매일 아침 명상 요가'라는 프로그램이다.

A였던 사람이 B가 된다. 이 변화를 구체화한다. 정의를 좁혀간다. 변화의 정의를 모호하게 하지 말고 정경이 떠오르게 한다. 어렵지만 그럴수록 기억에 남는 상품이 된다. 당신의 고객이 무엇을 원하는지 가능한 한 구체적으로 생각하자.

[예 ① 다이어리 만들기]

· 나쁜 예 – 매년 다이어리를 활용하지 못하는 사람도 잘 활용할 수 있는 다이어리

· 좋은 예 – 매년 3월쯤 되면 다이어리가 텅 빈 채 활용하지 못하는 자신이 한심해서 못 본 척했던 사람이 여름이 지나도록 다이어리를 활용하고 있는 본인의 모습을 만날 수 있는 다이어리

[예 ② 자기계발 계통의 콘텐츠]

· 나쁜 예 – 매일 우울한 사람이 생기를 찾는다.

· 좋은 예 – 매일 일을 하면서 '빨리 끝났으면 좋겠다'라고 생각했던 사람이 일하러 가는 것이 즐거워진다.

사람은 변화만으로 지갑을 열지 않는다

고객에게 제공할 수 있는 변화를 구체화하는 것만으로 상품이 팔리는 것은 아니다. 고객은 변화할 때 일반적으로 다음 세 가지 벽에 부딪힌다.

[변화할 때의 3가지 벽]

① 모른다 – 지식이 없다.

② 불가능 – 하는 방법을 모른다, PDCA 사이클이 돌아가지 않는다, 잘못된 방식으로 하고 있다.

③ 갈고닦지 못한다 – 실력 향상이나 습관화가 안 된다.

특히 '② 불가능'은 다음과 같은 세 가지 벽으로 분해할 수 있다.

[3가지 불가능의 벽]

① 행동할 수 없다 – 방법을 모른다, 의문을 해결할 수 없다.

② 깨닫지 못한다 – PDCA 사이클이 돌아가지 않는다, 잘못된 방식이라는 것을 깨닫지 못한다, 잘못된 믿음을 버리지 못한다.

③ 기술이 없다 – 틀린 것을 수정할 수 없다, 잘못된 방식으로 하고 있다.

고객은 이 세 가지 불가능의 벽을 뛰어넘어 '할 수 없다→할 수 있다'로 변화시켜줄 사람을 선택해 돈을 지불한다.

[3가지 변화]

① 모른다→알고 있다.

② 불가능→자신의 앞에 놓인 불가능의 벽을 진단→할 수 있다.

③ 갈고닦지 못한다→갈고닦을 수 있다.

이 세 가지 변화 중 어디에 당신의 상품을 포지셔닝할 것인지 생각한다.

상품을 팔 때까지 구성하는 방법

세 가지 변화를 다음 피라미드처럼 구성해서 생각해보자. 위로 올라갈수록 손이 많이 가고, 가격도 비싸진다.

무료 정보나 세미나 등 '알기'에 해당하는 것뿐이라면 고객으로 일방통행하는 것이라서 문제가 있다. 피라미드 하부는 저렴한 '알기=인풋 영역'이다. 하지만 '알기'만으로는 많은 사람이 행동에 나서지 않아서 성과가 나지 않는다.

그래서 더욱 성과를 내고 싶은 사람은 하나 위의 '가능'으로 옮겨간다. '가능' 단계부터는 아웃풋 영역이 된다. 워크나 과제가 나오거나 강사에게 기량을 보여주는 등 아웃풋이 필요해진다. '갈고닦기'는 '가능'을 넘어서 더 깊이 들어가고 싶은 사람을 대상으로 한다. 고객에게 맞춘 정보나 행동이 필요하다.

아웃풋을 시작하면 사람은 행동하면서 배우게 되고, 그 결과 '가능'이 된다. 다만 모두가 할 수 있는 것은 아니다. 하지 못하는 이유를 명확히 할 필요가 있다. 왜 지속할 수 없을까? 방식이 잘못되었을까? 이때 등장하는 것이 앞서 언급한 세 가지 불가능의 벽이다.

▼ 알기, 가능, 갈고닦기로 진행되면서 단가가 높아진다

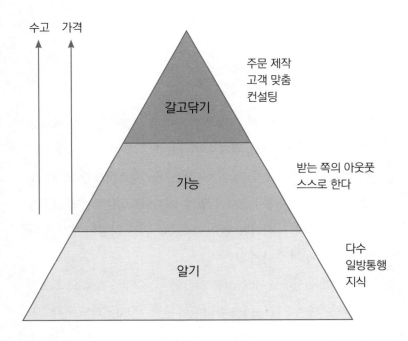

[3가지 불가능의 벽]

① 행동할 수 없다 – 방법을 모른다, 의문을 해결할 수 없다.

② 깨닫지 못한다 – PDCA 사이클이 돌아가지 않는다, 잘못된 방식이라는 것을 깨닫지 못한다, 잘못된 믿음을 버리지 못한다.

③ 기술이 없다 – 틀린 것을 수정할 수 없다, 잘못된 방식으로 하고 있다.

'불가능'에서 어디에 초점을 맞추는 상품이냐에 따라 대상이 되는 고객상이 바뀐다(제공하는 측의 수고도 달라지므로 '불가능'의 영역 내에서도 가격은 바뀐다. 5,000엔짜리도 있고 30만 엔짜리도 있다. 여기가 가장 다양한 상품 설계가 가능한 지점이다).

그럼 세 가지 변화 '알기, 가능, 갈고닦기'의 각 영역에 따라 상품을 구성하는 방식이 어떻게 달라지는지 예를 들어 생각해보자.

[예: 날씬해지고 싶은 사람이 넘어야 하는 벽]

알기→뚱뚱한 이유를 안다, 다이어트 방법을 안다.

가능→식사 제한, 운동하기, 현 상황의 문제점 파악, 결과가 나올 때까지 한다.

갈고닦기→유지한다, 다이어트뿐 아니라 부위별로 줄인다, 미용도 시작한다.

[예: 살을 빼기 위한 구체적인 상품]

알기→서적이나 인터넷 정보(저가)

가능→헬스장에 다니기, 다이어트 모임에 참가, 영양 컨설팅, 다이어트 커뮤니티에 참가

갈고닦기→부위별 PT, 탈모, 에스테틱

자신의 마음이 편안한 비즈니스를 어떻게 구성할 것인가?

고객은 알기, 가능, 갈고닦기 중에서 자신의 현재 단계에 맞는 것을 구매한다. 알다시피 피라미드의 상위권이 될수록 시간과 수고가 많이 든다(수고는 줄일 수 있지만, 초기 투자나 운영비용이 들어간다. 예: 사람을 고용하고 시스템에 투자하는 등). 그래서 피라미드의 상위로 갈수록 가격이 올라간다.

특히 '가능' 영역을 대상으로 하는 경우 세 가지 불가능의 벽 중 어디에 걸려 있는지 진단하고 개별적으로 대응해야 한다. 시간과 손이 많이 들기 때문에 일대 다수의 비즈니스가 어렵다. 따라서 피라미드 하위에 있는 '알기' 영역의 비즈니스보다 단가가 높아진다.

[예: 지식이나 노하우를 상품으로 만드는 경우]

알기→많은 사람에게 한꺼번에 제공할 수 있는 정보나 세미나, 서

적(전자책이나 note 판매)

　가능→고객이 가능해지기 위한 여러 번의 지원과 트레이닝

　갈고닦기→개별 컨설팅이나 코칭, 단기 집중 강좌, 자격증 등

　여기서도 중요한 것이 '당신은 지속할 수 있는가?'이다. 아무리 갈고닦기가 고단가라서 좋아 보인다고 해도 고객과 직접 대화해야 하는 것이 스트레스라면 지속할 수 없다.

　"생각했던 것과 달라!"라고 하는 까다로운 손님은 알기 영역의 상

▼ 가능 영역은 어느 불가능의 벽에 걸려 있는지 진단해 개별적으로 대응한다

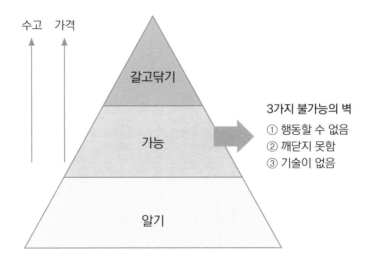

품을 샀는데 기대치가 갈고닦기의 영역인 사람이다. 제공하는 측에서 "이 상품은 ○○인 사람에게는 맞지 않습니다"라고 명시해두지 않으면 그런 사람이 찾아온다. 구매자의 클레임이 많다고 느끼는 경우에는 알기 영역의 저렴한 상품을 팔고 있는데, 갈고닦기 영역의 고가 상품을 연상시키는 홍보를 하고 있을 수 있으니 주의해야 한다.

참고로, 내가 하는 온라인 서비스 '매일 아침 명상 요가'는 알기 영역의 상품이다. 인원이 많고, 참가자의 몸을 보지 않은 상태로 온라

▼요가 비즈니스는 개별 레슨이 고단가가 된다

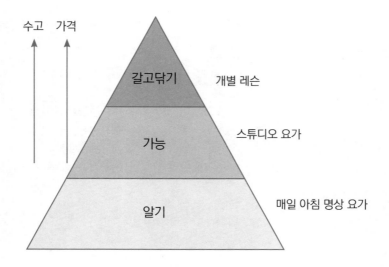

인에서 레슨이 일방적으로 흘러간다. 스튜디오 요가는 '가능 영역'이고, '갈고닦기 영역'의 개별 레슨 희망자도 있다.

단가가 비싸다는 것을 알고 있는데, 어째서 가능 영역, 갈고닦기 영역을 늘리지 않을까? 그것은 나 자신이 그것을 하고 싶은지 모색 중이기 때문이다.

사실 이전에 육아휴직 중인 여성을 위한 프로그램으로 가능 영역의 상품(14명 참가)을 만든 적이 있었다. 요가와 분해 사고를 주제로 해서 습관화 워크를 만들어 커뮤니티를 구성하고, 언제든지 여유롭게 질문할 수 있는 등 가능 영역에 필요한 요소를 포함시켰다. 지금도 수강자들끼리 사이가 좋아서 멋진 기회가 되었다.

다만 나 자신이 이 가능 영역의 관리를 제대로 해낸 것인지 불안감이 남아서 현재는 성공적인 1번으로 끝낸 상태다(돈벌이인가 아닌가를 본인의 지속 가능 여부로 판단하는 전형적인 예시).

자기 업이라면 자신을 주어로 해서 생각해간다. 그러면 다음과 같은 효과를 얻을 수 있다.

· 지속하기 쉬워진다.
· 마음이 편안한 고객을 만날 수 있다.
· 피라미드 내의 어느 지점에서 승부를 봐야 하는지 알 수 있다.

나도 아직은 계속해서 모색 중이다. 많은 지식과 다른 사람의 경

험담을 들어도 결국은 해보지 않으면 알 수 없는 것이 많기 때문이
다. 실제로 움직이다 보면 자신이 주어인 자기 업이 보이는 계기가
될 것이다.

자신을 주어로 해서 만드는
자기 업 ③ 셀프 브랜딩

자신을 주어로 해서 상품을 구성했다면 다음으로 '자신이 누구인지, 어떤 사람인지' 보여주는 브랜딩이 필요하다. 이제 브랜딩이 무엇인지, 개인은 무엇을 할 수 있는지 생각해보자.

현대는 모든 것이 포화된 시대다. 그래서 사람들은 무엇을 구매하느냐보다 누구에게, 어디에서 구매하느냐를 중시한다고 한다.

판매자도 그것을 이해하고 브랜딩을 넣어 제품을 PR(마케팅)하는 시대다. 브랜딩이란 판매자가 어떤 생각, 이야기, 가치를 중심으로 물건을 만들어내고 있는지 전달하는 활동으로, 그 근간에는 브랜드 콘셉트가 있다.

스타벅스Starbucks의 브랜드 콘셉트는 서드 플레이스(제3의 장소)다. 브랜딩으로는 컵에 메시지 쓰기, 종업원의 따뜻한 응대, Wi-Fi 설치, 편안한 인테리어 등을 들 수 있다.

최근에는 기업만이 아니라 개인 브랜딩도 중요하다고 알려져 있다. 즉 그 사람이 어떤 가치관을 가지고 있는지, 무엇을 소중히 하는지, 무엇을 하고 있는지를 전달하는 것이다. 이런 브랜딩을 잘하는 사람일수록 대체 불가한 유일무이한 존재로 인식된다. 예를 들어 회사에서 좋은 평가를 받는 직원, 인플루언서, 다방면에서 활약하는 사람, 한 분야의 전문가……. 유능해 보이는 사람일수록 브랜딩이 되어 있다.

그래서 브랜드 콘셉트를 찾기 위한 자기 분석 툴이나 하고 싶은 일 찾기, 자신의 특징을 찾는 계열의 콘텐츠(서적, 세미나, 온라인 진단 등)는 인기가 있다.

브랜딩은 침투가 중요하다

어떻게 브랜딩을 해나갈까? 결론부터 말하자면 자기 업의 경우 서서히 침투시키는 브랜딩이 중요하다. 그런데 브랜딩 명을 바탕으로 자신의 이념, 특징, 이점을 강매하는 사례를 자주 볼 수 있다. "제가 이런 문제를 해결하는 데에는 아주 제격이에요. 이런 고민은 없으신가요? 제가 힘이 될 수 있어요. 가치가 있다니까요"라고 고객이 깨닫기도 전에 전달하는 것이다.

스타벅스에서 "서드 플레이스에 오신 것을 환영합니다! 스타벅스

입니다"라고 매번 말을 걸면 고객은 성가시다는 마음이 든다. 이상적인 브랜딩은 '스타벅스에 오면 왠지 모르게 편안하고 좋단 말이야. 아, 서드 플레이스 콘셉트구나. 어쩐지'라고 고객이 저절로 느끼는 것이다.

서드 플레이스라는 브랜딩은 손님들이 편안하다고 느끼기 때문에 서드 플레이스가 콘셉트로 성립하는 것이다. 판매자가 "서드 플레이스니까 구매해주세요"라고 하는 것과는 다르다. 하지만 많은 사람이 그것을 모르기 때문에 판매에 어려움을 겪는다.

지갑을 연 후에 '아, 뭔가 편안하다고 생각했더니 이념과 서비스가 맞아떨어져서 그렇구나'라는 깨달음이 있으면 정말로 팬이 되어주는 것이다. 아무리 상품과 서비스가 가치가 있다고 전달해도 고객이 그것을 인정해주지 않으면 브랜딩은 성립되지 않는다.

브랜딩이 잘 되었다=인기 있는 사람

브랜딩이 잘 된 사람은 인기 있는 사람을 닮았다. 애플Apple 제품이 쿨하고 세련되었다는 이미지는 바로 브랜딩이 침투한 결과다.

유니클로Uniqlo는 원래 야마구치 현에서 시작한 소매점으로, 무조건 저렴하다는 이점이 있는 이미지였다. 그런 기존의 이미지를 제품의 질을 올림과 동시에 유명인과 모델을 기용하고, 유명 의류 브랜드와 콜라보, 재활용품의 인수 등을 진행하면서 몇 년 동안 개선 시켜나갔다. 저렴할 뿐 아니라 세련되고 기능성도 갖추었다고 브랜딩한 것이다.

분위기가 좋다, 센스가 좋다, 왠지 모르게 많은 사람이 좋다고 인식한다=바로 인기 있는 사람과 같다. "서드 플레이스 스타벅스에어서 오세요!"라고 해서는 팔리지 않는다.

그렇다면 물건이 팔리는 순서를 생각해보자.

① 고객이 왠지 모르게 느끼고 있는 불만이 있다 - 편안하게 컴퓨터를 하고 싶은데 적합한 장소가 없다.

② 고객이 어쩌다가 해결책을 만난다 - 스타벅스에서는 컴퓨터를 하고 있어도 기분이 편안하다.

③ 어느새 느끼고 있던 불만이 해결되었다 - 스타벅스에 가면 자신이 있을 자리가 있다.

④ 재방문 고객이 된다, 팬이 된다 - 서드 플레이스의 콘셉트가 어느새 침투하고 있다.

스타벅스가 성공한 요소 중 하나는 점포 수가 많고, '② 고객이 해결책을 만날 기회'가 많기 때문이다. 대기업은 그렇게 자연스럽게 고객을 만날 기회가 많다(광고 포함). 그때부터 고객의 일부는 ③에서 ④로 옮겨간다.

하지만 개인은 '② 고객이 해결책을 만날 기회'를 많이 만들 수 없다. 그렇다면 어떻게 해야 할까?

개인이 브랜딩을 위해 할 수 있는 일

브랜딩에는 비용도 시간도 많이 든다. 개인은 대기업처럼 장소나 광고나 미디어를 이용해 브랜드를 침투시켜 나가기 어렵다. 그래서 개인은 자신이 어떤 사람인지 보여주는 활동을 해야 한다. 바로 셀프 브랜딩이라는 것이다. 자신을 미디어화해서 프로모션을 하는 것이다. 힘이 없는 개인은 꾸준히 인지도를 획득해나가며 '② 고객이 해결책을 만날 기회'를 늘려갈 수밖에 없다.

셀프 브랜딩은 어렵지 않기 때문에 개인적으로 물건을 팔고 싶은 사람들이 많이 하고 있다. 구체적으로는 소셜 미디어 활동을 들 수 있다. 블로그, note, SNS 등에서 활동하면서 연결되는 사람을 조금씩 늘려간다(일반인이 이런 활동 없이 스몰 비즈니스를 잘한다면 그 사람은 천재다).

여기에서 중요한 것은 셀프 브랜딩이란 만들어진 이미지를 선보이는 것이 아니라는 점이다. 있는 그대로의 자신에게서 나오는 가치로 승부해야 한다.

셀프 브랜딩의 본질은 자기 이해

브랜딩이라고 하면서 사생활 사진을 올리거나 음식 사진을 보여주면서 자신의 이미지를 향상시키려는 사람이 있는데, 당신은 이런 사람에게 무엇을 구매하고 싶은가?

경력, ○○이 가능하다, 이런 실적이 있다, 당신의 고민을 해결할 수 있다, 곤란을 겪는 사람을 돕고 싶다, 이런 생활을 할 수 있다, 이런 것을 살 수 있다……. 이런 식으로 셀프 브랜딩을 하는 사람은 이미지나 캐릭터를 만들어 판매를 하고 있을 뿐이다. 셀프 브랜딩이 잘 되지 않는 사람은 대부분 대단한 사람처럼 보이고 싶어 한다(허영심). 그래서 발언에 흔들림이 있다(거짓이 있다).

셀프 브랜딩은 (다른 사람이 본) 자신의 매력이나 가치를 스스로 이해하는 데에서 시작된다. 그런 점들을 알리면서 자신의 가치를 높여가는 것이지 본인을 다른 멋진 존재로 꾸며내는 것이 아니다.

자신을 알리는 활동을 하고 있지만 아무래도 잘 안 된다는 사람은 자기 이해가 부족할 수 있다. 자신이 제공할 수 있는 가치를 잘못 보고 있거나 주변 사람이 생각하는 인물상과 자신이 알리는 내용이 어긋나거나 시장에 억지로 자신을 맞추려고 한다. 자신의 매력을 모른다면 일관성 있는 활동을 할 수 없다.

그렇다면 자신의 매력은 무엇인지, 자신이 제공할 수 있는 가치나 생각에는 무엇이 있는지 생각해보자. 스타벅스는 경영층부터 매장

종업원까지 브랜드의 매력, 방향성, 가치를 공통으로 인식하고 있기 때문에 어느 매장이나 같은 색상, 내부 설비, 점원의 대화가 통일될 수 있다.

셀프 브랜딩은 궤도를 수정하면서

셀프 브랜딩에 따라 꾸준히 활동하다 보면 모이기 바라는 사람만 찾아오게 되는 것을 느낄 수 있다. 있는 그대로의 자신이 제공할 수 있는 가치에 공감하고 신뢰해주는 사람들이다. 다음으로 할 일은 다음 두 가지를 결정하는 것뿐이다.

① 나는 무엇을 가지고 있는가? 무엇을 전달하고 싶은가?
② 누구에게 어떤 수단이나 방법으로 전달할 것인가?

진행하면서 궤도를 수정해나가면 되기 때문에 일단 임시라도 정하고 나서 움직이는 것이 중요하다. 참고로 나는 다음과 같이 했다.

① 워킹맘으로서 일상에서 느끼는 답답함과 시행착오(경력, 육아, 맞벌이 생활의 지혜)를 겪은 경험이 있어서 과거의 자신에게 그것을 전달하고 싶다.

② 트위터, note, 인스타그램, Voicy에서 정보를 전달한다(플랫폼별로 잘 통하는 계열로 나누고 있다. 트위터는 공감할 수 있는 정보, note는 사고의 가시화, 인스타그램은 독서의 지혜, Voicy는 말을 들으면 공감하는 정보).

이렇게 글을 써놓으면 쉬워 보일 수도 있다. 하지만 조금씩 궤도를 수정(고뇌도 공개한다, 고민이나 생각도 내보낸다, 팔로워를 이용하지 않는다, 제품 홍보 의뢰는 받지 않는 식으로 나만의 셀프 브랜딩)하면서 신뢰를 쌓으려고 노력했다.

자신을 속이지 않고, 제공할 수 있는 가치를 계속 알리면서 꾸준히(느낌상 1년 이상, 직접적으로 돌아오는 반응이 없어도 계속한다. 광고비나 비용을 내지 않으니 시간을 들여 키운다) 활동해보면 어떻게 될까? 어느 순간 주위에 사람이 모여서 자기 업을 할 수 있다.

참고로 나는 요가도 프리미엄 Voicy도 note도 "당신의 고민을 해결합니다", "이런 경력이 있으니까 구매해주세요"라는 식으로 보여주거나 판매하는 방식으로 해본 적이 없다. 하지만 사람들이 구매해준다. 이것은 팔로워가 많아서가 아니다. 팔로워 수가 많다고 잘팔리는 것은 아니다. 셀프 브랜딩을 해온 덕분이다.

피터 드러커Peter Drucker는 "마케팅은 셀링(파는 행위)을 불필요하게하는 것"이라고 했다. 팔리는 구조가 중요하다는 말이다. 그럼 브랜딩이란 무엇일까? 브랜드를 인지, 연상시켜 계속 팔리는 구조를 만드는 것이다.

마케팅 담당, 제품 개발 담당, 홍보 담당 등 다양한 역할을 혼자 동시에 하기는 힘들 수 있다. 하지만 셀프 브랜딩=계속 팔리는 구조 만들기가 이런 역할을 해준다. 이 구조는 복리의 힘으로 커지기 때문에 빨리 시작할수록 효과적이다. 셀프 브랜딩이 부족하더라도 지혜를 발휘해서 계속할 수 있는 구조를 만들기 위해 노력해보자. 당신은 셀프 브랜딩을 하고 있는가?

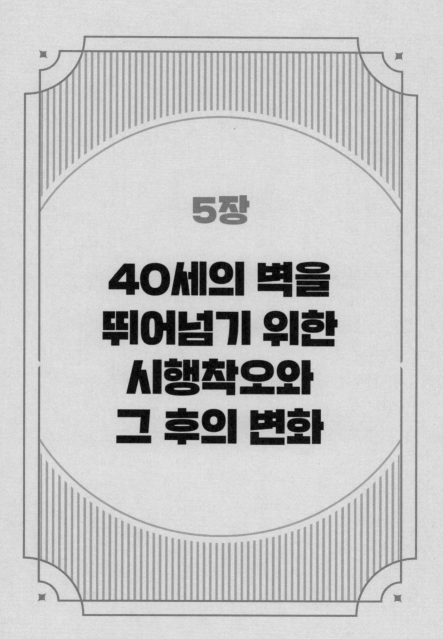

5장

4O세의 벽을
뛰어넘기 위한
시행착오와
그 후의 변화

40세의 벽은
초등 1학년의 벽과 함께 왔다

여기까지 읽은 당신은 본인 나름대로 40세 벽을 뛰어넘을 방법이 상당히 그려졌을 것이다. 동시에 다른 사람의 체험담을 보고 싶을 것이다.

그래서 이번 장에는 내가 실제로 어떻게 40세 벽의 존재를 감지하고, 어떻게 대면하고 행동해왔는지 구체적인 시행착오 과정을 정리해보았다. 시행착오를 반복하는 2년 동안, 실패까지 포함해 결과로 얻은 변화를 모조리 전달하고자 한다. 당신의 행동에 힌트가 되기를 바란다.

초등 1학년의 벽의 실체

2019년 나는 대학을 졸업하자마자 입사한 외국계 기업에서 근속 15년 차, 워킹맘 경력 6년차가 되어 있었다. 세 살이 된 둘째아들은 기저귀를 거의 뗐고, 큰아들도 초등학교에 들어갔다. 슬슬 업무에 박차를 가할 타이밍이라고 생각했던 순간 부딪힌 것이 초등 1학년의 벽이었다.

초등 1학년의 벽은 아이가 초등학교에 올라가면 어린이집에 다니던 시절보다 일과 육아를 양립하기가 어려워지는 것을 말한다. 어린이집과 달리 연장보육이나 토요일 보육이 사라지고, 여름방학 등 장기방학에 대처할 방안도 필요하다. 또한 육아를 하는 부모에게 제공되는 단축근무 제도도 초등학교 1학년부터는 거의 종료된다. 그렇다고 아이가 초등학생이 되자마자 뭐든 척척 해낼 수 있는 것은 아니므로 걱정에 끝이 없다.

맞벌이 가정은 대부분 이 초등 1학년의 벽에 부딪힌다. 당시의 나도 딱 직면했다.

우리 집은 평일에는 내가 육아를 담당하는 그야말로 독박 육아였다. 아침 7시 반에 집을 나와서 저녁 7시 전 귀가한다. 저녁 9시에 잘 때까지 2시간밖에 없지만, 아이 둘 다 어린이집에 다닐 때는 그럭저럭 생활을 꾸려나갔다.

왜냐하면 하는 일이 전부 돌봄이기 때문이었다. 밥을 주고, 목욕을 시키고, 잠만 재우면 그럭저럭 집안 생활이 돌아갔다(돌보는 중간에 세탁, 청소, 조리 등의 집안일을 한다). 1장에서도 언급했지만, 돌봄은 외주가 가능하다는 이점이 있다. 아이 돌보미나 조부모 등 부모 외에도 대신해줄 사람이 있다. 하지만 첫째아들이 초등학교 1학년이 되어 학업이 시작되자 그럴 수 없게 되었다.

- 매일 학교 숙제 확인(부모 사인 포함).
- 데려다주고 데리고 오기.
- 학교에서 일어난 일 확인하기(본인에게 듣기).
- 알림장에서 내일 준비물을 준비하기(만들기 재료 등).
- 선생님과의 소통을 알림장에서 확인하기.
- 행사에 필요한 것이 없는지 체크하기.
- 아들의 이야기 들어주기(중요).

돌봄에 더해 학업+마음의 관리에도 신경을 쓰게 되자 정신적인 피로가 심해졌다. 어린이집 시절과는 비교가 안 될 정도였다. 게다가 학업+마음의 관리는 매일 고정적으로 관찰해주는 어른(대부분 부모)이 필요하다. 계속 같은 사람이 보고 있어야 파악하기 쉽고, 아이도 자신의 이야기를 부모가 들어주기를 바란다. 학업+마음의 관리 임무가 무거워지기 시작하자 집에 가도 업무가 기다리고 있는 듯한 기분이 들었다. 거기에 더해 둘째아들(2세 반의 어린이집 원생)

도 있다.

첫째아이 출산 후보다 내가 나이가 들어 체력이 떨어진(32세→38세) 것도 있었지만, 해마다 편해질 거라고 생각했던 육아가 편해지지 않았다. 첫째아이 출산 후 '워킹맘 제1의 암흑시대'에 이은 '워킹맘 제2의 암흑시대'가 도래했다.

워킹맘의 일하는 방식에서 기로에 서다

초등 1학년의 벽 앞에서 우왕좌왕하다가 사실 그 뒤에 또 하나의 벽이 있다는 것을 깨달았다. 그것이 바로 40세의 벽이다.

· 아이의 방과 후나 장기방학에 맡길 곳, 평일 아이를 관리할 시간 부족 등 초등 1학년의 벽에 부딪히고 있는 문제의 대부분은 내가 일하는 방식이 고착화되어 있기 때문에 일어나는 것일까?
· 극복해보자는 긍정적인 기분이 들지 않는 것은 나의 내면에서 보내는 어떤 사인이 아닐까?
· 때마침 초등 1학년의 벽에 노출되었을 뿐, 원래 40세의 벽에 맞게 일하는 방법을 생각해야 하는 것이 아닐까?

만약 80세까지 일을 한다면 남은 40년을 어떻게 일해야 하는지 이제 생각해야 할 때가 오고 있다고 느꼈다.

당시 근무하던 회사는 다양한 부서로 이동할 수 있어서 싫증을 잘 내는 성격이었던 나도 경력을 편하게 쌓을 수 있었다. 그러나 아이를 낳고 나서 어린이집 등의 문제로 전근이 필요한 인사이동이 불가능해지자 경력이 정체되기 시작했다. 지금처럼 일하면 앞으로 10년 이상 육아와 경력의 균형으로 고민하는 미래가 그려졌다.

이를 해결하려면 일하는 방식을 바꿔야 할까? 일하는 방식을 바꾸지 않고 어떻게든 헤쳐나갈 수는 없을까? 배우자가 나의 부담을 짊어지는 방법은 없을까?

부부가 여러 번 의논했지만, 남편의 직업에서 이동할 수 있는 길은 퇴직뿐이었다. 그는 "당신은 일을 하는 것도 관두는 것도 마음대로 해도 되지만, 나는 직장도 직업도 바꾸기 어려워"라며 의견은 평행선을 유지했다. 필연적으로 망설이는 내가 선택을 강요당했다 (이 부분은 찬반양론이 있을 것 같지만, 나는 남편이 그만두지 않는 선택을 존중했다). 그렇게 되면 나는 자신을 바꾸거나 나를 둘러싼 구조를 바꿀 수밖에 없었다.

① 근무 시간이 짧은 직업으로 옮긴다.
② 일을 관두고 잠시 가정을 지킨다.
③ 스스로 일을 시작해본다.

어떤 항목이 와 닿는가?

현재의 일에 불만은 없어도 경력이 정체되는 불안함이 개선되지 않을 것이 분명했다. 이대로 계속 일해도 문제를 미룰 뿐 반년 후에도 같은 말을 하고 있을 것이 뻔했다.

왜냐하면 지난번 워킹맘 제1의 암흑시대(첫째 육아휴직 직후)와 달리 워킹맘 제2의 암흑시대(둘째 육아휴직 직후)는 40세의 벽이 바로 뒤에 다가왔다는 느낌이 들었기 때문이다. 현재 상황을 개선하거나 효율화해도 해결된다는 보장이 없었다. 아이의 돌봄 문제뿐이라면 외주나 효율화로 어떻게든 했을 것이다.

· 자녀의 학업+마음의 관리(초등 1학년의 벽)
· 80세까지의 자신의 경력 구축(40세의 벽)

이 두 가지를 염두에 두면 임시방편으로는 해결되지 않는다. 해결해주는 것은 나 자신의 선택, 결단, 각오 이 세 가지뿐이라고 생각했다.

경력의 방향을 전환한 선배들을 만나다

나 자신의 선택과 결단과 각오를 위해 실제로 워킹맘이 된 뒤 퇴

직하고 자신의 길(이직, 자영업 등)로 나아간 몇몇 사람들을 만나 이
야기를 나눠봤다.

· 힘들게 오랫동안 다닌 회사인데 그만두기는 아깝다.
· 수입은 줄었지만 시간이 늘어나니까 즐겁다.
· 매일 회사에 가지 않으니 자기관리가 중요하다.
· 아이와 있는 시간은 확실히 늘었다.
· 병에 걸리는 것이 걱정이다.
· 벌이를 조절해서 세금 부담이 줄었다.

의견은 다양했다. 결국은 자신이 보는 관점에 달려 있다고 느꼈
다. 직장인이든 자영업자든 워킹맘이든 독신이든 '컵에 반 정도 차
있는 물'을 보고 반이나 있다고 생각하는 사람도 있고, 반밖에 없다
고 생각하는 사람도 있었다. 사람은 정말 제각각이다.

회사를 관두는 경우의 불안을 언어화하다

나는 회사에 소속되었다는 데에서 사회적 존재 가치를 느껴왔다.
회사에서 쌓아온 경력이나 인적 자산도 있어서 이것이 사라지는
것이 아깝다는(관두고 1년이 지나면 현재 포지션으로는 돌아가고 싶어도

돌아갈 수 없다) 마음도 있었다.

직장인들이 회사를 관둘지 말지 고민하는 원인의 대다수는 '현상 유지 편향'의 심리 때문이다. 현상 유지 편향은 미지의 것, 경험해보지 못한 것을 받아들이지 못하고, 현재 그대로 있고 싶어 하는 심리작용을 말한다. 현재 별로 어려운 상황은 아닌데, 새로운 일에 도전하면 더 좋아질 수도 있고, 지금보다 나빠질 수도 있다. 그렇다면 이대로가 좋다는 것이다.

큰 계기(급여, 인간관계, 포지션, 괴롭힘)가 없는 한 현 상황에서 벗어날 용기를 낼 수 없다. 특히 나는 취업 빙하기를 경험한 터라 원래 직장으로 돌아갈 수 없는데 그만두어도 되는지 불안했다.

그래서 현상 유지 편향을 타파하기 위해 내 안에 있는 불안을 분해해보았다. 그러자 '수입 감소'와 '내 비즈니스(자기 업)를 만들 수 있을까?'라는 두 가지가 큰 불안 요소였다.

① 수입 감소

나의 수입 경로는 원래 본업밖에 없었기 때문에 수입이 없어지는 것이 큰 불안 요소였다(돈 관리는 부부가 따로 하기 때문에 일정액 가계 부담이 있다). 하지만 2018년부터 부업을 시작했고, 본업 이외의 수입이 목표에 근접하고 있었다. 그렇기 때문에 '당분간은 그쪽을 열심히 해보는 것도 좋지 않을까?'라고 생각이 바뀌었다.

부업의 수입이 본업의 수입을 넘은 뒤에 퇴직해야 한다는 의견을 많이 들었지만, 워킹맘으로 매일 한 시간 반 정도밖에 부업을 할 수 없었던 나는 본업을 관두지 않는 한 힘들다는 것을 어렴풋이 느꼈기 때문이다.

그래서 최저 생존 월액을 계산했다. 최소 생존 월액이란 내가 살아있는 것만으로 매달 들어가는 금액을 말한다. 나는 보육료, 식비, 통신비, 어린이 의류비 등으로 한 달에 20만 엔 정도 소비하고 있다. 만약 회사를 관두더라도 현재의 부업이나 저축으로 2년 정도는 최소 생존 월액이 확보되어 살아갈 수 있다는 판단을 내렸다. 이렇게 불안이 하나 해소되었다.

② 내 비즈니스(자기 업)를 만들 수 있을까?

나는 예전부터 정년을 맞이하지 않는 인생의 하나로 요가를 가르치는 일이나 글을 쓰는 일 등으로 내 비즈니스(자기 업)를 하고 싶다는 생각이 어렴풋이 있었다. 다만 '줄곧 직장인이었던 내가 할 수 있을까?'라는 의문이 항상 머릿속을 맴돌았다.

그럴 때 직장인에서 탈피한 선배들이 "오히려 마흔 전후인 지금이니까 할 수 있지 않을까?"라는 말을 해줘서 깜짝 놀랐다. "60세에 새로운 일이나 자기 비즈니스에 도전하는 것이 더 어려워"라는 말이 가슴에 확 와 닿았다.

그래서 '해보고 싶다', '시행착오를 겪고 싶다'는 기분의 원천이 있는 지금이야말로 실패해도 다시 일어서기 쉽다고 마음가짐을 고쳤다. 그리고 마흔부터 몇 년간 시행착오를 겪어보고, 역시 직장인이 낫다고 생각되면 회사로 돌아가기로 했다.

회사를 관두기까지의 사고 변화

대전제가 되는 것이 있는데, 나는 직장인 시절의 일을 좋아했다. 물건을 개발하는 기업에서 근무했기 때문에 '이 제품을 통해 많은 고객이 행복해지는 미래'에 기여하고 있다고 생각했고, 화이트 기업이라서 대우도 좋았다. 육아휴직을 두 번 냈지만 경력을 쌓을 수 있는 길이 남아 있었다(다만 전근이 필요).

그런데 아이를 낳고 워킹맘이 되어 그때까지 회사 내의 주류(전근 명령도 받고 바삐 일한다)였던 내가 비주류(어린이집 픽업 시간을 포함해 아이의 사정 때문에 회사가 원하는 대로 움직일 수 없다)가 되자 내 생각도 바뀌어갔다.

특히 40세의 벽이 찾아와 강제적으로 40세 이후의 일하는 방식을 깊이 생각하게 되었다. 아무리 대우가 좋은 일이라도 일의 내용, 양, 시간에 통제권이 없는 것은 괴로웠다. 나이가 들수록 마음대로 일하지 못하는 일도 늘어날 것이다. 그렇다면 삶의 사건 사고에 맞춰서 일하는 방식의 규모를 적절히 변경할 수 있는 일로 옮겨가야 하지 않을까? 슬슬 방향키를 다시 돌릴 때일지도 모른다는 생각이 자꾸 떠올랐다. 게다가 그때의 나는 다음과 같은 점도 느끼기 시작했다.

· 직장 동료와 이야기해도 재미가 없어졌다(말이 맞지 않는다고 느꼈다).
· 지금의 업무가 장래로 이어진다고 느껴지지 않았다(회사 내의 주류였던 시절로 돌아가려고 노력하고 싶지 않았다).
· 소셜 미디어 활동으로 주위에 있는 사람이 다양해지자 회사원 이외의 일하는 방법도 가능하다는 생각이 들었다(다양한 생활방식의 사례가 증가했다).

이제 때가 왔다고 생각한 나는 2019년 말 상사에게 퇴직 의사를 전달했다.

회사를 관두고 무엇을 할 것인가?

회사를 관두고 얻고 싶었던 것은 시행착오를 겪을 시간이었다. 그래서 40세의 벽과 마주하기 위해 1~2년간 안식 휴가를 갖기로 했다. 안식 휴가는 사용처에 제한이 없는, 직무를 떠난 장기 휴가를 말한다. 그동안 시간이 없어서 마음껏 하지 못했던 요가, 집필, 만들기 등 하고 싶은 것을 배우면서 해보기로 했다.

1~2년으로 정한 이유는 안식 휴가 제도를 도입하고 있는 기업(배우자의 해외 주재 동반이나 간호, 대학원 진학 등을 이유로 인정되고 있다)은 대부분 기간을 1~2년으로 정하고 있기 때문이다. 이것으로 미루어볼 때 사회에서는 2년이 넘으면 직장인으로 복귀가 어렵다고 판단한다고 생각해 같은 기간을 자체적으로 가져보기로 했다.

갑자기 퇴직하는 것은 쉬운 일이 아니므로 만인에게 통용되는 방식이 아닐지도 모른다. 그래서 보험을 들기로 했다. 내가 근무하던 회사에는 최근 2년간 일정 이상의 평가가 받은 경우, 퇴직 후 5년 이내라면 재고용하는 제도가 있었다(취업 조건은 바뀔 가능성 있음). 그래서 퇴직 의사를 상사에게 전달할 때 이 제도를 이용해서 회사로 돌아갈 가능성도 있다고 말해놓고 계약서를 교환하고 퇴직했다. 이런 보험이 있으면 좀 안심이 된다.

조사해보니 회사마다 의외로 여러 가지 제도가 있다. 안식 휴가는 없는지, 그만둔다면 혹시 재고용 제도는 없는지 정보를 수집해놓기를 추천한다. 만약 제도가 없다면 재직 중에 뭔가 자격증을 취득해두는 등 개인적으로 보험을 마련하는 것도 좋다. 그리고 현역에 있을 때 이직 시장에서 자신의 평가를 받아두는 것도 중요하다. 지금 관둬도 재취업이 가능한지 알아두면 정신적으로 안정될 수 있다.

이렇게 나는 직장인으로 돌아가고 싶을 때 돌아갈 수도 있고 그대로 개인적으로 일할 수도 있는 두 가지 가능성을 열어 놓고, 65세 이후 정년 없는 삶을 위해 안식 휴가를 통해 조금씩 경험을 쌓아가 기로 결정했다.

혼자 일한다면
생각해둘 방향성

안식 휴가에 들어가고 나서 무엇이 일로 성립될지, 무엇이 수입원이 될지, 무엇이 경비가 될지 알 수 없었기 때문에 일단은 돈 생각은 하지 않고 여러 가지 해보기로 했다.

2020년 4월 퇴직 시점의 매월 수입은 note 잡지의 매출이 십수만 엔 정도였다. 요가를 가르치는 것도 좋고, 글을 더 써보는 것도 좋다. 매달 5만~10만 엔 정도의 수입을 올릴 수 있는 챌린지를 5~6개, 2년 정도 걸려서 하자고 생각했다.

그러나 코로나의 영향으로 갑자기 학교가 휴교를 하면서 4월 후반~6월 정도까지 안타깝게도 신규 활동은 중단되었다. 그 후 학교가 다시 문을 열고 내 시간이 돌아온 시점에서 나도 일을 재개했다. 온라인으로 요가를 시작했고, Voicy에 후원이 생겼으며, 의뢰를 받은 기고와 기사를 쓰다 보니 여러 가지 일로 이어졌다.

의도적으로 돈을 벌려고 했다기보다 여러 곳에 뿌려놓은 씨앗이 열매를 맺은 느낌이었다. 시간이 난 만큼 집중해서 씨앗에 물을 주거나(책 기획서 작성, 홈페이지 재구축 등 직장인 시절에는 시간이 없어 못 했던 일을 진행했다). 그 후 요가 스튜디오를 오픈하고 스튜디오에서 요가를 가르치기 시작하자 사무 작업을 포함해 할 일이 점점 늘어났다.

결국 전부 내가 하고 있으니 쉴 틈도, 인풋할 시간도 전혀 없는 상태가 되었다. 1인 악덕 기업인 셈이다. 사무 작업을 포함해서 자신에게 맞지 않는 일은 남에게 맡기지 않으면 일에 파묻힌다는 것을 알았다.

2020년 가을 무렵부터 매출이 오르기 시작해 혼자서 바쁘게 해왔던 일들을 모아 사업을 키울 것인지(=사람을 고용), 혼자서 하는 사이즈로 할 것인지(=일을 줄인다) 생각해야 할 때가 되었다.

그전까지 반년 동안 나는 성격상 회사를 만들어 크게 하고 싶다거나 사회에 영향을 주는 가치를 선보이며 고용을 창출하고 싶은 사람은 아니라는 것을 어렴풋이 깨달았다. 그보다 내가 모든 것을 바라볼 수 있는 범위의 업무량으로, 동시에 고객과 함께 나이를 먹어가는 비즈니스를 하고 싶은 느낌이다.

그렇다고 해도 어느 정도의 매출이 있다면 개인사업자보다 법인이 사회적 신용이 있고, 세금상의 이점도 있다. 회사로 할 것인지, 혼자 할 것인지 새로운 물음의 등장이다.

자기 업은 어떤 모습이 이상적일까?

㈜키즈라인Kidsline의 대표 쓰네자와 가호코経沢香保子는 본인이 하고 싶은 것을 하는 규모로 연매출 1억 엔, 사원 2~3명, 사장의 급여 2,000만~3,000만 엔의 회사를 목표로 하는 것을 추천했다.

연매출 1억 엔의 회사를 목표로 한다면 직원 세 명을 고용할 경우 인건비가 연간 600만 엔×3명. 다만 사회보험이나 복리후생비가 들기 때문에 그 배의 비용을 계산해둔다. 연봉 600만 엔이라면 1,200만 엔.

· 인건비 – 3,600만 엔(1,200만 엔×3)
· 상품 비용, 경비, 기타 – 3,500만 엔 전후
· 사장의 급여 – 2,000만~3,000만 엔

연매출 1억 엔이라면 사장을 포함해 직원 네 명이 1인당 연간 2,500만 엔의 매출, 한 달에 약 200만 엔 정도 매출이 필요하다. 즉 200만 엔의 매출을 가동일 20일에 낼 수 있는 상품을 만들 필요가 있다. 매일 10만 엔, 혹은 한 달에 50만 엔으로 4개, 한 달에 200만 엔으로 1개 팔리는 상품은 무엇일까?

쓰네자와 가호코는 법인화해서 사업하는 것에 대한 생각을 정리해 『자신의 회사를 만든다는 것自分の会社をつくるということ』에서 밝히

고 있다. 이것은 사업을 만들고 싶고, 경영자가 되고 싶은 사람에게 하는 제안이다. 내가 하고 싶은 일은 아니지만(지금은 회사를 경영하고 싶지 않다. 시행착오를 통해 맞는 곳을 찾고 싶다), 사업을 구성하는 방법으로 현실적인 이야기를 담고 있다.

직원을 고용하지 않는 1인 회사의 방식은 『사원 제로! 제대로 벌 수 있는 1인 회사의 시작법社員ゼロ! きちんと稼げる1人会社のはじめ方』(야마모토 노리아키)에 자세히 기재되어 있다. 총이익(매출에서 원가를 뺀 금액)을 임원 급여 40%:경비 40%:이익 20%로 배분하는 방식이다. 총이익이 연간 1,000만 엔이라면 임원 급여 400만 엔, 경비 200만 엔, 회사에 유보하는 것이 200만 엔인 규모의 회사가 된다.

이렇게 분배 비율을 정해두면 필요한 수입에 따라 연간 매출을 조절할 수 있고, 경비를 너무 많이 쓰지 않게 된다. 스트레스가 적고 지속하기 쉬워서 이 방식도 흥미롭다.

혼자 한다면 레버리지를 의식한다

두 가지 예를 나열했는데, 현재 나는 1인 회사 노선이다. 혼자 해 나가기 위해서는 레버리지leverage(타인의 자본을 이용해 자기 자본에 대한 이익률을 높이는 것)를 효과적으로 하는 것이 중요하다.

혼자 수입을 얻으려고 하면 직장인과 달리 사용할 것이나 간판이 없다. 처음에는 시간도 돈도 많이 들고 필요한 자원은 점점 줄어든다. 하지만 근력운동처럼 시행착오를 겪다 보면 근육이 붙고 무거운 역기도 적은 노력으로 들 수 있게 된다. 근육(수입을 얻는 힘)도 따라오게 된다. 그 여유가 생기면 레버리지를 의식해본다.

· 돈의 레버리지 – 매출의 일부를 새로운 사업에 투자한다(미래를 위한 씨 뿌리기).
· 사람의 레버리지 – 서툰 일은 남에게 맡긴다(체력과 사고력의 확보).
· 시간의 레버리지 – 할 수 있지만 시간이 걸리는 일은 외주로 돌린다(메인에 집중).

혼자 하면 상한선이 정해지는 일을 시간과 사고력을 확보하기 위해 밖으로 내보낸다. 이를 통해 자신의 자원을 최대한 사용하게 되고, 미래에 투자도 할 수 있다. 나는 현재 무엇이든 스스로 해보는 단계에서 이 레버리지 단계로 이행하고 있기 때문에 외주, 업무 위탁, IT 툴을 도입해 일하고 있다.

하지 않는 일을 결정하는 것이 중요하다

독립 후에는 처음 경험하는 일도 많고 실패도 많으며, 곤경에 처할 때도 있다. 하지만 벽에 부딪혀 여러모로 생각해본 것은 피와 살이 되어 남는다. 실패의 요인을 알면 다음에 살릴 수 있고, 경험한 뒤에 하기 싫은 일을 제외하면 사업의 방향성이 정해진다.

나는 하기 싫은 일을 결정할 때 시간과 양이라는 두 가지 측면에서 검토한다.

① 시간부터 생각한다

내 경우 가정과 일의 균형을 생각하면 아이가 초등학생일 때 함께 보내는 시간의 우선순위가 가장 높다. 그렇기 때문에 아무리 다음 일로 연결될 것 같아도 밤 시간대의 온라인 이벤트를 계속 하려고 하면 아이가 일찍 잤으면 하고 바라게 되고, 아이와 편히 놀 수 없어서 스트레스가 쌓였다.

처음에는 밤 시간대의 이벤트 강연 일도 맡곤 했다. 그러나 그 때문에 아이 돌보미를 고용하게 되자 가족과 보내는 시간이 줄어들었다. 이러면 무엇 때문에 독립했는지 알 수가 없다. 그래서 현재는 밤에 하는 일은 줄이고 있다.

② 양으로 생각한다

단발로 하는 일은 한 번뿐인 기회이고, 하면 좋은 일들이 많다. '다음에는 없을지도 모르겠다'라고 생각해서 받고 싶어진다.

그러나 실제로 그 일을 맡으면 메일 주고받기, 화상 회의, 서류 주고반기(돈을 받을 경우 청구서 발행 등), 슬라이드 작성 등 관련 작업에도 시간이 들어간다. 그러면 루틴으로 하는 아침 온라인 요가, Voicy 녹화, note 집필 등이 늦어지면서 본래 소중히 해야 할 일의 질이 떨어진다는 것을 경험을 통해 알았다. 그래서 최근에는 단발성 일은 거의 받지 않는다.

하지 않을 일을 결정하는 것은 스스로 일의 규칙을 만드는 일이다. 힘들게 자기 업을 만들려고 하고 있으니, 일하는 방식을 어떻게 할지 스스로 디자인해야 한다. 단순히 하면 좋은 일을 하고 있을 만큼 인생은 길지 않다.

스트레스를 받는 사람과도
관계를 맺을 가치가 있다

회사를 관두고 나서 인간관계에서 오는 스트레스가 없어졌다. 회사 내에서 특별히 분쟁을 겪지는 않았지만, 인간관계를 무의식적으로 조절하고 있었던 것 같다.

안식 휴가를 자주적으로 얻고 나서, 일뿐 아니라 인간관계도 정리되어갔다. 좋아하는 사람, 일이 진행되기 쉬운 사람, 마음이 맞는 사람으로 일상에서 얽히는 사람도 점점 엄선되어갔다. 그런데 다른 한편, 마음이 편안한 반면 내가 커뮤니케이션에 미숙해진다는 생각도 들었다.

· 마음이 편한 사람하고만 만나는 일에 대한 불안 – 생각이 비슷한 사람만 보게 된다. 편안하지만 비판적, 다양한 시점을 얻을 기회가 줄어든다.

· 일에서 단점을 지적당할 기회가 격감 - 혼자 하는 일에는 쓴소리를 하는 사람이 없다. 일의 평가는 다음의 일의 의뢰로 나타난다. 다음이 오지 않는 일은 그대로 끝이다.

드롭박스Dropbox의 공동설립자 겸 CEO 드류 휴스턴Drew Houston은 2013년에 매사추세츠공대 졸업식에서 이런 말을 했다.

"자기 주변에 있는 가장 가까운 사람 다섯 명의 평균이 본인의 모습이다. 당신과 가까이 있는 다섯 사람은 누구인가?"

사람은 대화, 사고, 지식 등의 수준이 맞아야 함께 있으면 즐겁다고 느낀다. 같이 있어도 이야기가 통하지 않는 사람과는 애초에 같이 있지 않는다. 적극적으로 교류하려고 하지 않는다. 그렇기 때문에 자신을 성장시켜줄 만한 사람은 아무리 기다려도 주변 다섯 명 안에 들어오지 않는다.

드류 휴스턴은 이상적인 자신의 모습이 되고 싶다면 자신에게 조금 부담이 될 만한(자신의 이상을 이미 구현하고 있는) 배울 것이 있는 사람과 만나라고 말했다.

내 주변 다섯 명도 만날 때 즐겁고 교류하기에 좋은, 나와 수준이 맞는 사람들이다. 하지만 계속 고정되어 있는 것은 아니다. 시간이 지남에 따라 멤버가 바뀐다.

스트레치 영역에 있는 사람과의 관계

자기 성장에 따라 지금까지 함께 있었던 집단과 맞지 않는다고 느껴지거나 그동안 즐거웠던 맴버들과 대화가 맞지 않는다고 느껴지면 수준이 올라갔다는 신호다. 그리고 그 타이밍에 만나는 사람들이 변해간다(여기서 말하는 수준은 수준이 높다고 해서 인간으로 뛰어나다는 의미는 아니다. 일이나 배움, 하고 있는 일의 심도 수준으로 파악하기 바란다).

핵심은 먼저 내가 바뀌고 나서 주변 다섯 명이 바뀐다는 것. 그리고 그 평균이 내가 된다는 것이다. 동질적인 사람하고만 함께 있으면 자기 성장은 불가능하다.

독립하고 나서 최근 느끼는 것은, 인간관계를 선택할 수 있는 만큼 만났을 때 편안한 사람하고만 같이 있으려 하고, 조금 도전이 필요한 사람(스트레치 영역에 있는 사람)을 멀리하게 된다는 점이다.

좋아하는 사람하고만 연결되는 것은 언뜻 보기에 좋은 것 같지만, 호흡이 잘 맞는 인간관계만 유지하면 다음과 같은 기회는 얻기 어려워진다.

· 커뮤니케이션 스타일을 다방면에 맞춘다.
· 상대방의 수준에 맞는 지식을 습득한다.
· 시야를 넓히는 대화를 필사적으로 따라간다.

▼ 스트레치 영역에 있는 사람과 의식적으로 관계를 맺어야 성장할 수 있다

스트레치(stretch) 영역

수준이 높은 사람

이질성, 배려 필요, 노력 필요

컴퍼트(comfort) 영역

같은 수준의 사람

동질성, 편안함, 즐거움

나는 "이야기의 진행을 잘한다", "누구와도 대화를 원활하게 한다"라는 말을 들은 적이 있다(나는 그렇게 생각하지 않지만). 이것은 오로지 직장인이었던 16년 동안 여러 연령대, 포지션이 다른 사람들과 이야기하거나 교섭하거나 시점을 맞춰가면서 길러진 기초 실력 덕분이라고 생각한다. 그리고 이 기초 실력은 좋아하는 사람, 편안한 사람과의 대화만으로는 익힐 수 없다고 생각한다. 강제적으로 스트레치 영역(자신과 수준이 상하좌우로 다른 사람들)과 관계를 맺은 덕분이다.

독립한 뒤에 주변에 있는 사람들

2장에서도 언급한 던바의 수(인간이 원활하고 안정적으로 사회관계를 유지할 수 있는 인원수)는 30~150명이라고 했다. 사실 이 150명도 친밀도에 따라서 계층이 있다.

· 0계층(3~5명) - 친밀한 관계, 돈의 대출부터 곤란한 일까지 이야기할 수 있다.
· 1계층(12~15명) - 한 달에 한 번 정도 만나는 친밀한 관계
· 2계층(45~50명) - 거리는 있지만, 지인으로 인식하고 있는 관계
· 3계층(150명) - 친구의 한계

0~1계층은 좀 전에 언급했던 주변 다섯 명의 멤버가 소속된 계층이 될 것이다. 독립적으로 스스로 일을 할 경우 이 계층에 들어갈 사람을 선택할 수 있다. 독립한 지 2년이 지나 이 계층에 있는 사람들을 둘러보면 인격적으로도 마음이 맞고 맥락을 읽을 필요도 별로 없으며, 편안하게 만날 수 있는 사람들뿐이다(감사). 따라서 자신의 컴퍼트 영역은 넓어지고 스트레치 영역에 필요한 커뮤니케이션은 줄어들고 있다고 느낀다.

스트레치 영역에 있는 사람에게 보이는 세계

이런 나도 시간을 빼앗는 것이 미안한 사람에게 권유를 받는 일이 있다. 사실 이런 권유를 매우 싫어해서 무심코 거절하고 싶어진다. 스트레치 영역에 들어가는 대화를 하기 때문에 상대방이 이른바 대단한 사람일수록 금방 지친다. 대화를 따라갈 수 있을까? (내가 생각하는) 수준 낮은 이야기를 해도 될까? 이런 식으로 불안해진다.

이렇게 '내가 피곤한 것이 싫어서', '내가 즐기고 싶어서'라는 사고는 컴퍼트 영역에 계속 있고 싶은 사람의 심리다. 그러나 이 사고방식으로는 인간관계가 점점 좁아지고, 컴퍼트 영역도 언젠가 축소되어간다는 것을 알았기 때문에 최근에는 이러한 권유도 감사히 받으려고 한다.

얼마 전에 어떤 사업가와 이야기를 나눈 적이 있다. 대선배라서 내가 하는 일에 기탄없이 질문을 하고 지적을 해서 그때마다 깜짝깜짝 놀랐다. 나의 시야로는 보이지 않는 것이 스트레치 영역에 있는 사람에게는 확실히 보인다. 보이기 때문에 의문이 생기고, 그 의문에 대답할 수 없는 나는 사고가 확장(스트레치)되어 새로운 행동(개선이나 정보 수집)으로 향할 수 있다. 마음이 편안한 사람들에게 둘러싸여 있으면 "이대로 괜찮은가?", "이것은 이상하지 않은가?"라는 시점을 가지기 어렵다. 컴퍼트 영역에 계속 있던 나는 자극을 받는 기분이 들었다.

그런데 내가 그 사람에게 줄 수 있는 것은 아무것도 없다고 생각했는데, 내가 애용하는 가전이나 핫쿡을 이용한 요리 이야기, 집안일의 외주로 돌리는 이야기에 굉장히 흥미로운 반응을 보였다.

나에게는 스트레치 영역에 있는 사람이라도 그 사람에게는 내가 스트레치 영역에 있는 부분이 있다. 서로 정보를 주고받을 수 있다면 만나고 싶은 사람으로 인정받을 수 있을지도 모른다는 것을 깨달았다.

만나는 것이 귀찮아도 만나야 할 사람

스트레스를 느끼는 불편한 사람은 자신을 성장시켜주는 요소를 가지고 있다.

[사적인 스트레치 영역에 있는 사람]
· 내가 하고 싶은 분야에 지식이 있다.
· 내가 모르는 경험과 정보를 가지고 있다.
· 성과를 내고 있다(성공 체험이 있다).
· 나보다 시야가 넓다.

회사에 다니거나 많은 사람과 관련된 일을 하다 보면, 만날 때 스트레스를 느끼는 스트레치 영역에 있는 사람과도 마주할 기회가 늘어난다. 독립하면 부정적인 스트레스(얽히고 싶지 않은 사람, 사물, 일)를 줄일 수 있지만, 긍정적인 스트레스(자기 성장 기회)도 줄어들 가능성이 있다.

자기 자신이 편하고 쾌적한 관계=나와 같은 생각을 가진 사람만 있는 상황은 가까운 미래는 행복하다. 하지만 주변 다섯 명이나 환경도 성장해가기 때문에 먼 미래에는 자신의 컴퍼트 영역이 축소된다. 내향적이기 때문에 많은 사람과 관련되면 피곤하다고 생각하지 말고, 스트레치 영역을 넓혀주는 사람들과 관계를 맺는 것이 독립된 사람의 마음가짐으로 중요할 것이다.

기회가 오면 제대로 타석에 서고, 스트레치 영역에도 손을 뻗어보면 어느새 성장해서 자신의 주변 다섯 명이 바뀐다. 가까운 미래,

먼 미래, 당신의 주변에는 어떤 다섯 명이 있을까? 스트레치 영역에 접근하고 있을까?

함께 산을 오를
동료를 찾는 법

어느 정도 관심 있는 일을 여러 가지 하다 보면, 슬슬 혼자서는 힘들다고 생각하는 날이 온다. 하고 있는 일의 양과 규모가 확대되면 혼자서 할 수 있는 한계치를 넘어가기 때문이다. 지금부터는 그럴 때 어떻게 할 것인지, 구체적으로 동료를 어떻게 모을 것인지 전달하겠다.

나와 비슷한 연령의 자녀를 둔 30~40대 여성은 일상생활에 쫓기다 보니 자신을 돌보는 습관을 잊기 쉽다. 세안이나 기초 스킨케어가 고작이며, 산후에 중요하다고 했던 골반 주변의 관리는 어느새 뒷전이다.

그래서 나는 2022년 펨케어 제품(엄마와 아이의 스킨케어 브랜드 soin)을 만들어 판매를 시작했다. 여성의 질 주변 세척, 바르는 오일 같은 셀프케어용 제품을 개발했다. 매일 케어하는 습관으로 자신을 소중히 하는 자기긍정감, 미래의 나를 향해 행동하는 자기효력감을 기른다. 그런 상품을 내가 갖고 싶어서 고안했다.

비즈니스적인 관점에서 동기도 있었다. 온라인 요가도 스튜디오 요가도 플로형 비즈니스(내가 쓰러지면 중단된다)이지만, 물건 판매는 저장형 비즈니스(내가 쓰러져도 계속된다)다. 다른 종류의 자기 업을 만들고 싶었다.

구체적으로 어떤 일을 했냐면, OEM 회사에 물건 제작을 의뢰하고, 디자인과 로고를 정해 온라인 판매 사이트를 만들어 물류 계약을 해서 판매하는 흐름을 만들었다. 글로 쓰면 두 줄이지만, 실제 기획부터 판매 시작까지 1년 이상의 시간이 걸렸다.

하고 싶다는 마음만으로는 좌절을 맛보는 현실

원활하게 진행되지 않았던 이유는 내 리소스(시간, 사고력, 조사하거나 문의하는 실무시간)가 없었기 때문이다. 당시에는 주 3회 온라인 요가+스튜디오 요가 레슨, note 집필 월 4권, 서적과 기타 원고 집필, 매일 Voicy 수록, 대학원 수험 공부와 신축 RC 프로젝트(부동산 관련) 사무와 금융기관의 서류 준비……. 이 틈바구니에 제품 개발을 위해 조사하고, 찾아보고, 교섭하는 시간을 넣을 여지가 전혀 없었다.

마침내 혼자서는 어렵다는 것을 늦게나마 깨달았다. 그래서 나의 의도를 이해하고(이것이 중요), 세세한 업무를 함께 진행해줄 사람, 함께 만들어줄 사람을 찾기로 했다.

우선은 보자기를 잘 접는 사람을 찾아라

나의 의도를 이해한 후 실무 창구를 담당해주는 사람은 말하자면 '보자기를 잘 접는 사람'이다. 보자기를 잘 접는 사람이란 펼치는 사람(아이디어를 내는, 보자기를 펼치는 사람)이 낸 일의 아이디어를 실행 가능한 상태가 되도록 설계해서 착실히 실행에 옮기는 사람을 말한다. 나는 Voicy의 '접는 사람 라디오'에서 이 말을 처음 들었다.

당시 내가 중심으로 활동하는 워킹맘·워킹파파의 커뮤니티 '하로코미'에는 1,000명 가까운 워킹맘과 워킹파파가 있었고, 다양한 이벤트가 개최되거나 프로젝트가 진행되기도 했다. 그런 일과 관련된 여러 사람의 아웃풋을 보고 있기만 해도 어떤 능력이나 기술이 있는지, 자질은 어떤지 많이 알 수 있었다.

내가 하고 싶은 일을 이해하고 진행해줄 만한 실무 능력이 뛰어난 사람, 추상도가 높은 이야기를 해도 이해하고 구체화할 능력이 있는 사람이 있을까? (커뮤니티에 참가하고 있는 사람은 이런 시선으로 동료를 찾는, 동료로 뽑힐 가능성을 생각하면 참여 방식이 달라질 수도 있다.) 신규로 찾기보다 커뮤니티 내에서 프로젝트를 함께한 사람이 상호 이해가 빠르고, 기대치가 어긋날 확률도 적다. 안테나를 세우고 관찰한 결과, 딱 맞는 사람을 발견해 나와 함께하자고 권유해보았다.

아이디어가 있고, 하고 싶은 일은 있지만 시간이 없고, 실무가 서툰 사람은, 우선은 보자기를 잘 접는 사람을 찾아보자. 물론 말은 쉽지만, 실제로는 그리 간단하지 않다. 특히 온라인상에서는 더 찾기가 어렵다. 서로의 배경을 몰라서 의사소통이 잘되지 않거나 기대치가 상상 이상으로 어긋나기 때문에 인터넷이라는 큰 바다에서 보자기를 잘 접는 사람을 찾는 것은 어려운 느낌이 있다.

그렇다면 어떻게 해야 할까? 온라인 커뮤니티나 현실에서 만나는 관계 등 실제로 손발을 움직이는 장소에서 만나는 것이 확실하다(온라인 커뮤니티는 장소에 얽매이지 않기 때문에 여러 사람을 만날 수 있다).

내가 안식 휴가 2년 동안 일(요가 홈페이지, note 편집, 디자인 관련 등)을 의뢰한 사람은 대부분 온라인 커뮤니티에서 만나서 다른 일을 하는 것을 보고, "저도 부탁드려도 될까요?"라는 패턴이었다.

온라인 커뮤니티에 참가해서 대표자가 아닌 참가자를 관찰한다. 가능하다면 자신도 커뮤니티 내 이벤트나 프로젝트에 참여해본다. 결국 온라인이든 현실 세계든 자신과 감각이 맞는 사람은 함께 일이나 작업을 한 사람 중에서 찾기가 가장 쉽다.

앞으로 자기 업을 키우고 싶은 사람은 본업 이외의 장소에서 수

동적이 아니라 조금 능동적으로 움직여보면 다양한 인연이 연결되어, 보자기를 잘 접는 사람을 쉽게 만날 것이다. 함께 일할 사람을 찾아야 할 때 참고해보자.

40세의 벽을 마주한
2년 동안 일어난 변화

퇴사하고 안식 휴가에 들어간 지 벌써 2년이 되었다. 나는 그사이에 40세의 벽을 만지고, 기어오르고, 갉아먹는 시행착오의 나날을 보냈다.

"사람이 변하는 방법은 세 가지밖에 없다. 첫 번째는 시간 배분을 바꾼다. 두 번째는 사는 곳을 바꾼다. 세 번째는 만나는 사람을 바꾼다. 이 세 가지 요소에 의해서만 인간은 변한다."

경영 컨설턴트·기업가 오마에 겐이치大前研一는 이렇게 말했는데, 안식 휴가는 이 세 가지를 갖추고 있다(사는 장소는 변하지 않아도 시간을 보내는 장소가 바뀐다). 그래서 단 2년 만에 내 인생은 많이 달라졌다.

내가 해온 것처럼 회사를 그만두거나 안식 휴가를 갖는 것은 힘들다고 생각하는 사람도 있을 것이다. 그런 사람은 10년 정도 걸려서 자기 업을 만드는 것을 의식하면서 ① 시간, ② 시간을 보내는 장소, ③ 만나는 사람을 바꿔보면 어떨까?

예를 들어 매주 주말 세 시간을 미니 안식 휴가로 해보자. 매일 30분이라도 좋다(나도 독립할 때까지 2년 동안 매일 한 시간~한 시간 반을 자기 업으로 이어지는 시행착오를 겪었다). 제일 중요한 것은 해보는 것이다.

나는 2022년 봄에 대학원에 진학했고, 안식 휴가는 일단 종료되었다. 40세의 벽이 사라진 것은 아니지만, 2년 전보다 벽의 존재를 느끼지 못하는 경우가 늘고 있다. 어느새 빠져나와서 "그럴 때도 있었지"라고 말할 날이 올 것 같다.

그래서 아직 기억이 살아 있는 동안에 풀타임 근무를 하던 직장인 시절(Before)과 안식 휴가에 들어가고 나서(After) 어떤 변화가 있었는지 자기 업+돈, 연결, 건강의 관점에서 정리해두겠다.

자기 업의 변화

[Before: 풀타임 근무 직장인 시절]

직장인 시절에는 풀타임 근무에 독박육아(아이의 어린이집 픽업부터 재우기까지 혼자 했다)였기 때문에 항상 시간에 쫓기는 느낌이었다. 지금 생각해보면 업무도 만족스럽게 성취감을 느낄 정도는 아니었던 것 같다(당시에는 거기까지 생각할 수 없을 정도로 필사적이었다).

· 하루 일정

6시 기상→집안일, 육아→어린이집→8시 출근→18시 퇴근→어린이집→19
시 귀가→집안일, 육아→21시 어린이 취침→23시 취침

빨리 잠자리에 들어야 했지만, 자기 전에 술을 마시고 책이나 컴
퓨터를 켰다. 낮에 받은 스트레스를 풀기 위해 수면 시간을 줄이고
무언가를 하려고 한 적도 여러 번이었다. 주말이나 장기 휴일에 피
로를 풀고, 평일에는 전력으로 달리는 스타일이었다.

[After: 안식 휴가]

자기 업을 만들기 위한 모색이기 때문에 글을 쓰거나 요가를 가
르치거나 새로운 서비스를 생각했다. 그것을 위해 협의를 하거나
필요한 정보를 조사하거나 Voicy에 올릴 내용을 녹음했다. 그것도
전부 일이라고 한다면 사실 직장인 시절보다 총 업무 시간은 길어
진 셈이다.

· 하루 일정

4~5시: 기상(온라인 '매일 아침 명상 요가'를 시작해 빨라짐)→6시: 일 혹은
달리기→집안일, 육아→어린이집→8시: 일(글쓰기)이나 요가 스튜디오→16

시 넘어서: 첫째가 초등학교에서 귀가(이야기 듣기)→17시: 어린이집(30분 산책)→집안일, 육아→21시: 아이와 취침

일하는 시간이 늘어나도 다음의 항목이 가능해져서 시간에 대한 스트레스(어린이집에 늦지 않기 위해 허둥지둥 회사에서 나오거나 아이의 갑작스러운 휴일에 당황해 아이 돌보미를 찾는 일)가 확 줄었다.

· 정해진 시간에 회사에 있어야 하는 신체적 구속이 없음.
· 일하는 틈틈이 집안일을 할 수 있음(안 되면 밤에 한다).
· 스케줄을 스스로 컨트롤할 수 있음(마감이나 협의 등).
· 일, 가정을 구분하지 않고 활동할 수 있음(산책은 아이디어를 내는 시간, 학원 픽업을 가는 자동차에서 Voicy에 올릴 내용을 녹음하는 등).

안식 휴가에 들어가서 자신에게 일의 분량과 내용, 시간에 대한 통제권이 있다는 것의 가치를 느꼈다. 40세의 벽에 얽힌 불안감은 이 통제권이 없어서 발생했는지도 모른다고 깨닫는 경우도 종종 있다.

다만 통제권이 있다는 것은 자유를 얻는 대신 책임과 결과를 모두 자신이 져야 한다는 말이기도 한다. 자기 업이 제대로 착수되지 않으면 처음에는 꽤 힘들다. 나는 안식 휴가의 2년 사이에 단번에 체험했지만, 사람에 따라서는 이것을 5년, 10년 단위로 생각하고 행

동할 수도 있다.

돈의 변화

안식 휴가는 '휴가'이기 때문에 어딘가에서 급여가 나오지 않는다. 스스로 어떤 일을 해서 벌거나 적금을 깨야 한다. 내가 회사를 관둔 초기에는 Voicy를 통해 돈을 벌 수 있는 프리미엄 방송도 없었고(무료 방송만 가능), 온라인 요가도 없었으며, 수입원은 note 매거진(한 달에 십수만 엔) 정도였다.

[Before: 풀타임 근무 직장인 시절]
· 수입 – 실수령 급여+보너스
· 지출 – (부부가 각자 돈을 관리해서 각자 맡은 비용이 다르다) 식비, 아이에게 들어가는 비용, 보육료(약 9만 엔, 부담이 크다), 통신비, 서적비, 학원비, 정장이나 매일 점심비 등 직장인으로 쓰는 비용

[After: 안식 휴가]
· 수입 – 요가, 서적, 원고, Voicy, note 등
· 지출 – 식비, 아이에게 들어가는 비용, 보육료(무상 보육의 나이가 되어 줄어들었다), 통신비

회사원 시절에 준비한 안식 휴가용 비자금(이라는 이름의 자기 예금)이 없어지면 안식 휴가는 종료이므로 그때까지 시행착오를 겪겠다고 결정했다.

처음에는 수입이 불안정했지만 개인 사업자+법인이 되어 직장인 시절에는 스스로 내던 서적이나 소도구(컴퓨터, 카메라 등) 구입비, 요가 관련비(의류나 연수)를 전부 경비로 처리했다(4장 참조). 그래서 직장인 시절에는 취미로 쓰던 돈을 거의 쓰지 않게 되었다(요가 관련비, 서적값 등). 점심도 거의 집에서 먹기 때문에 직장인 시절보다 비용이 훨씬 절약(그러는 김에 살이 빠졌다)되었다. 카페에서 일을 해도 작업비로 경비 처리가 된다.

좋아하는 일에 많은 돈을 쓰는 사람은 '이걸 일로 할 수 없을까?'라는 관점에서 자기 업을 생각해보면 돈에 대한 새로운 관점이 생길 것이다.

연결의 변화

우선 가족과 관련된 변화부터 알아보겠다. 현재는 대개 아침 다섯 시에 일어나 일을 하고, 저녁 16~17시에는 일을 마치려고 한다. 따라서 아이들이 귀가하는 대로 천천히 대화를 나누고, 숙제를 봐주거나 학원 픽업도 가능해져서 아이와 보내는 시간이 늘었다. 부부관계는 내가 독립하면서 육아의 벽 때문에 옥신각신하는 일이 줄었다.

[Before: 풀타임 근무 직장인 시절]

·아이와 남편과 관련된 시간(평일) – 아침 한 시간+19시 귀가한 다음부터 21시 취침 전까지 두 시간=세 시간

·저녁에는 나도 피곤하고, 아이가 뭐든지 싫다고 떼쓰는 시기(특히 첫째 5세, 둘째 1세로 둘 다 어린이집에 가던 시절)에는 빨리 잠들기를 바라는 마음이었다. 남편은 21시가 넘어야 귀가하기 때문에 평일에 대화한 기억은 없다.

[After: 안식 휴가]

·아이와 관련된 시간(평일) – 아침 한 시간+16시 첫째가 귀가한 다음부터 21시 취침 전까지 다섯 시간=여섯 시간

·시간에 쫓기면서 초조했던 것은 줄어들었다. 회사 밖의 사람들과 일하게 되면서 육아에 대한 시각도 달라졌다. 코로나 이후 남편의 일하는 방식도 조금 바뀌었고, 가족끼리 저녁을 먹는 날도 늘었다.

부부관계는 내가 일하는 방식이 바뀌면서 사실 새로운 '돌'이 출현했다. 인생이 모두 잘 풀릴 수는 없는 노릇이다. 부부가 모두 장시간 근무를 한다면 아이가 열이 나거나 픽업을 하러 가거나 스케줄 조

정도 서로 미안해하며 상대에게 부탁하게 된다(본인은 할 수 없지만, 네가 회사에 고개를 숙이는 것은 이해한다고 하는 것처럼).

그런데 내가 독립하고 시간에 여유가 생기자 "당신은 시간에 구애받지 않고 대응할 수 있지?"라면서 아이들의 학원 픽업이나 갑작스러운 발열에 대응하는 것은 자연스럽게 내 역할이 되었다. "집에 있으니 당신이 대응하는 것이 당연하다"라는 남편의 자세에 솔직히 불만이 있다.

이 한 부분만 보면 부부 사이에 자꾸 '돌'이 쌓일 것 같다. 하지만 내가 일하는 방식을 바꾸면서 가끔씩 주말에 일이 들어오게 되었고, 그럴 때는 남편이 아이와 외출하거나 캠핑을 가기 시작했다. 그전까지는 어린이집에 맡기거나 아이 돌보미를 고용했다.

나는 그동안 부부 사이의 돌을 어떻게 하면 바로 제거할 수 있을지 생각했는데, 생긴 돌이 다른 사건으로 상쇄되는 부분도 있겠다는 생각이 들면서 조금씩 시점이 바뀌었다.

예를 들어 병에 걸린 아이를 한 사람만 계속 돌보게 되면 부부 사이에 불공평함이 돌이 되어 남는다. 하지만 당장 싸우지 않고 시야를 조금 넓혀 관찰해보니 남편이 캠핑에 가는 것처럼 다른 역할을 하고 있다는 생각이 들면서 '피차일반이구나'라고 생각하게 되었다. 왜 그렇게 생각하게 되었냐면 부부관계의 벽을 유예 기간으로 놓고, 그리고 일하는 방식을 바꾸면서 사고의 여유가 생겼기 때문일 것이다.

다음은 나를 둘러싼 인간관계의 변화다. 직장인 시절과 비교해서 내가 꿈과 용기를 가지고 도전할 수 있는 것은 인간관계가 다양해지고, 연결이 늘어난 두 가지 덕분이다. "너라서 할 수 있는 거야"라는 말을 듣기도 하지만, 그것이 아니라 잘된 사람을 볼 기회가 늘어나면서 '나도 할 수 있을지 몰라'라고 행동에 탄력이 붙게 되었기 때문이다.

[Before: 풀타임 근무 직장인 시절]
· 주변 95%가 회사원(사내 사람이 대부분)
· 요가 수업을 받을 때만 다양한 직종의 사람을 만날 수 있었다.
· 전근을 다섯 번 하면서 인간관계가 단절되었다.

[After : 안식 휴가]
· 주변에 직장인이 줄어들면서 창업, 경영, 부업, 다수의 직업, 파트타이머, 전업주부, 프리랜서 등 다양한 근로 방식으로 일하는 사람이 늘어났다.
· 2022년 봄부터 대학원에 진학하면서 주위의 인간관계가 더욱 달라졌다.
· 온라인으로 시작하는 만남(커뮤니티나 일을 통해)은 속마음을 털어놓기 쉬웠고, 장소를 넘어 평생 만날 수 있는 친구도 생겼다.

자신의 행동에 탄력을 주는 데에 필요한 것은 작은 용기다. 주위에 실제로 하고 있는 사람이 아무도 없으면 불안할 수밖에 없고, 그만두고 싶어진다. 하지만 주변에 다양한 도전을 하고 있는 사람이 늘어나고, 그들과 연결고리가 생기면 해보고자 하는 마음이 생긴다.

내 인간관계의 변화는 온라인에 따른 영향이 많다. 나는 지금까지 워킹맘의 불안 해결법, 사고법을 알려왔다. 거기서 연결된 많은 사람은 내 속마음을 이미 알고 있는 사람들이다. 그래서 '이런 이야기를 해도 되나?'라는 신경을 쓰지 않아도 단숨에 사이가 돈독해지는 사람이 많았다. 그러나 이것이 현실적인 장소에서 시작되었다면 관계 구축이 어려웠을 것이다. 이것이 가능해진 것이 나에게는 큰 사건이다.

건강의 변화

마지막으로 40세의 벽뿐 아니라 100세 시대에도 영향을 주는 신체적, 정신적 건강 변화를 알아보겠다.

[Before: 풀타임 근무 직장인 시절]
· 취미 요가는 주 1회(시간을 낼 수 없음.)
· 사람들과 교류를 위해 점심을 먹거나 외식을 했다.

· 수면시간은 평균 5~6시간

· 모두 비슷한 속성이라서 작은 차이에 민감했다(지금 와서 느끼는 점).

[After: 안식 휴가]

· 요가를 일로 하면서 주 4회 이상 레슨. 일하는 시간을 조절해 매일 4킬로미터 달리기를 한다.

· 직접 지은 밥으로 점심을 먹다 보니 체중이 줄고, 다시 늘어나지 않았다.

· 수면 시간은 평균 7~8시간(업무 종료를 16시로 하고, 취침 시간도 빨라졌다.)

· 정장을 입지 않게 되어 스타킹이 필요 없다. 발이 시리지 않는다 (냉증 개선).

· 인간관계가 다양해지면서 세세한 것까지 신경 쓰지 않게 되었다.

신체면은 확실히 After가 좋아졌다. 잘 움직이고, 잘 자고, 잘 먹기 (영양이 좋은 식재료)를 실천하면 누구나 좋아진다. 그럼 뭐가 걸림돌이었을까? 역시 장소나 시간이 고정되어 있는 일을 하고 있었기 때문에 매일 생활하고, 자고, 먹는 일에 무심코 소홀해진 것이다.

다음은 정신면이다. 지금까지는 주위에 비슷한 속성의 사람이 많았고, 사소한 것(자녀 교육, 출세, 자택 구매, 저금, 보유한 장식품 등)을 신경 쓰는 상황이 많았는데 그런 것이 전혀 신경 쓰이지 않게 되었다. 자기 업을 가지고 남은 남, 나는 나라고 생각하게 되었고, 주위에도 그런 생각을 하는 사람이 많아졌다.

지금까지 자기 업+돈, 연결, 건강 변화를 정리했는데, 가장 크게 변한 것은 내 가치관이었다. 24시간 중에서 오래 시간을 쓰고 있는 일에 재량권을 가진(자기 업을 가진다) 뒤에 이렇게까지 관점이 바뀐 것에 스스로 놀라고 있다.

작은 행동이 인생을 크게 바꾼다

나는 그동안 시간이 없어서, 돈이 없어서, 아이가 있어서, 생활이 있어서 회사를 그만둘 수 없어서 ○○는 할 수 없다고 여러 가지에 무의식적으로 제동을 걸고 있었다. 30대에 출산 후 복직했을 때 느꼈던 '이대로 계속 일하기 힘들지 않을까?'라는 신호도 무시했다. 열심히 하면 어떻게든 되었기 때문이다.

새로운 선택을 위해 행동하지 않은 것은 실패하고 싶지 않았기 때문이다. 실패를 덮을 만한 시간, 돈, 선택지의 자유가 없다고 생각했다. 그렇게 하루하루를 달려가고 있을 때 불쑥 나타난 것이 40세의 벽이었다.

벽이 앞에 우뚝 놓여 있다는 기미는 있었지만, 정체를 모르니 불안했다. 손에 여러 가지(가치관, 불안, 노력)를 많이 들고 있기 때문에 벽을 잘 기어오르지도 못했다. 가만히 보고 있으면 언젠가 벽은 이동할지 모르지만, 앞으로의 인생에서 또 비슷한 벽이 나타날 것 같았다. 그렇게 생각하니 어쩔 수 없이 행동해보기로 했다.

아이가 잠든 밤, 주방 옆에서 컴퓨터를 켠 뒤에 회사 직함을 떼고 엄마와 아내 역할을 한 칸 옆에 놓고, 이 불안을 해결하려면 어떻게 해야 할지 정보를 모으기 시작하면서 내 인생은 조금씩 내가 원하는 방향으로 옮겨갔다고 생각한다.

당신은 어떤가? 40세의 벽을 느끼고 있는가? 넘어가기 위해 뭔가 행동하고 있는가? 변화는 작은 행동에서 시작된다. 그것이 어느새 눈덩이가 굴러가는 것처럼 큰 힘이 되고, 깨닫고 나면 40세의 벽을 훌쩍 뛰어넘을 것이다. 시행착오를 겪은 경험은 앞으로의 인생에서 또 다른 벽을 만났을 때 반드시 우리에게 힘이 되고, 도움을 줄 것이다.

일단 작은 행동이면 된다. 지금과 다른 일을 하나 시작해보자.

40세의 벽에 부딪힌 당신에게

4년 전만 해도 내가 회사를 관두리라고는 꿈에도 생각하지 못했다. 그런데 얼마 전 2018년 다이어리를 다시 보니 이런 글이 쓰여 있었다.

> 2020년 4월, 새로운 일을 시작한다.

당시의 나는 둘째아이의 육아휴직이 끝나고 한 살 반의 둘째아이와 초등학교에 입학 직전인 첫째아이를 안고, 매일을 달리고 있었다. 풀타임 근무에 복귀해서 매일 시간에 쫓겼다. 그래도 충족되지 않았다. 다만 이대로 여성 등용의 물결을 타고 더 높은 포지션을 목표로 해야 할지, 아이의 성장에 맞춰 일을 조절해야 할지, 경력과 가정의 균형 사이에서 방황하는 시기였다. 바로 40세의 벽이다.

매년, 한 해를 시작하면서 쓰는 '하고 싶은 일 100가지 리스트'. 2018년의 다이어리에도 현실적인 것이나 달성할 예정도 보이지 않는 추상적인 일이 적혀 있었다. 그런 뒤죽박죽한 항목 속에서 조금 위화감을 드러내면서 존재하는 다음 한 문장.

2020년 4월, 새로운 일을 시작한다.

분명 당시 내 머릿속 어딘가에서 '정말 이대로 괜찮을까?'라는 작은 신호가 나온 것이라고 이제 깨달았다. 그 신호에 이끌려 안테나를 펼쳐서였을까? 그때부터 시행착오를 겪으면서 행동하다 보니 어느새 벽의 존재가 작아져 현재는 벽을 훌쩍 빠져나간 것처럼 느끼고 있다.

이 책은 2022년 5월, 전자책으로 출간한 『안식 휴가 40세의 벽을 뛰어넘는 전략적 휴가 추천 サバティカルタイム 40歳の壁を越える戦略的休暇のすすめ』을 토대로 작성했다. 전자책을 많은 분이 읽어주셔서 비슷한 불안을 느끼는 사람들에게 더 널리 전달하고 싶었다. 그래서 내용을 절반 이상 덧붙이고 수정해서 이 책을 완성했다.

이 책을 만들면서 가쿠타스 편집부의 하스미 사호蓮見紗穂는 전자책 출판부터 마지막까지 함께해주셨고, 디스커버21의 에노모토 아스카榎本明日香는 상업 출판본으로 내기 위해 분주히 달려주셨다. 나까지 포함해 세 명 모두 마흔 전후의 워킹맘이다. 두 분이 40세의 벽을 이해한다면서 원고를 읽어주신 것에 정말 감사하고 있다.

이 책에 쓰여 있는 것은 나 혼자만의 꿈 이야기가 아니다. 주위를 둘러보면 마찬가지로 마흔 전후에 어떻게 살아야 할지, 어떤 모습으로 있어야 할지 모색하며 일하는 방식을 바꿔나간 사람들이 있다.

저명인사로 말하자면 여배우 이토 마이코伊とうまい子는 40대에 대학에 입학해, 로봇공학을 전공한 뒤 연구자의 길을 걷고 있다. 배우 사카구치 겐지坂口憲二는 커피 로스팅을 하고, 나카타 아쓰히코中田敦彦는 요시모토 흥업을 퇴사하고 유튜버가 되었으며, 주부였던 가와카미 히로미川上弘美는 소설가로 경력을 전향했다.

내 주변에도 교사에서 요가 강사가 된 사람도 있고, 직장인이었던 부부가 함께 오래된 민가의 민박집 경영자가 되기도 했으며, 소방관에서 부동산 임대업으로 전향한 사람도 있다. 그들은 40대가 되어 갑자기 경력을 바꾼 것이 아니다. 마흔 전후로 메인 업무와 병행하며 자기 업을 키워나가 옮겨간 사람들이다. 찾아보면 더 많은 사람이 있을 것이다.

그들과 우리에게 어떤 큰 차이가 있을까? 분명 없을 것이다. 그들도 40세의 벽 앞에 멈춰 서서 자신의 경력과 장래의 불안에 대해 고민했고, 육아의 벽, 부부관계의 벽으로 우왕좌왕했을 것이다. 그들도 당신도 나도 모두 똑같다.

4년 전의 나는 제2의 워킹맘 암흑시대에서 40세의 벽을 슬슬 깨달았을 무렵일까? 위화감은 있지만, 말로 잘 표현할 수 없어서 당황하고 있을 것이다. 부모가 되었으니까, 육아를 하면에 직업을 지키고 있으니까, 내가 선택해온 길이니까 이럴 수밖에 없다고 자신을 타이르고 있을 것이다.

그 상태로 모르는 척 일상을 살아갈 수도 있다. 하지만 조금이라도 그 위화감을 소중히 여기는 마음이 있다면 사고를 멈추지 말고 지금 상황이 어디에서 왔는지 생각해보자. 어떻게 하면 그 위화감을 벗어날 수 있을지 생각했다면 우선 작은 일부터 움직여보자. 그러면 당신은 반드시 4년 후, 지금과는 다른 곳에 있을 것이다.

내가 40세의 벽과 마주한 경험이 이 책으로 연결된 당신에게 도움이 되기를 바란다. 이제 내가 배턴을 여기에 놓아둘 테니 다음에는 당신이 이어받아 40세의 벽과 마주해보자. 훌쩍 뛰어넘은 뒤 서로 웃는 얼굴로 만나자. 그럼 안녕히.

2022년 11월
오이시 하루

40세의 벽

1판 1쇄 찍음   2023년 7월 13일
1판 1쇄 펴냄   2023년 7월 20일

지은이   오이시 하루
옮긴이   정지영
펴낸이   조윤규
편집   민기범
디자인   홍민지

펴낸곳   (주)프롬북스
등록   제313-2007-000021호
주소   (07788) 서울특별시 강서구 마곡중앙로 161-17 보타닉파크타워1 612호
전화   영업부 02-3661-7283 / 기획편집부 02-3661-7284 | 팩스 02-3661-7285
이메일   frombooks7@naver.com

ISBN   979-11-88167-79-1 (03320)